平和の敵 偽《いつわ》りの立憲主義

岩田温
Iwata Atushi

並木書房

はじめに

集団的自衛権の行使を容認したことで、安倍総理は一つの大きな仕事を成し遂げた。政治家として立派なことだといってよい。

私はかつて、保守派の中で最も激しい安倍批判を展開した一人だが（拙著『政治とはなにか』参照）、今回の総理の決断をもって、安倍総理を戦後史の中でも傑出した総理の一人と数えるべきだと確信した。

政治家は極めて困難な仕事だ。理想を持たない政治家は論外だが、理想に溺れる政治家であってもならない。高邁な理想を実現するために、卑近な現実を変更するための努力を重ねなければならないのが政治家だ。理想と現実との間のバランス感覚が求められる。

政治とは「固い板に、錐《きり》で、少しずつ穴をあけていくような情熱と見識を必要とする力強い緩慢な仕事である」と指摘したのは、マックス・ウェーバーだが、今回の安全保障法案の整備は、必ずわが国の国益に適うものとなるだろう。安倍総理が錐で小さな穴をあけたといってよい。

現在、不安に思っている国民もいるかもしれない。マスメディア、あるいは偏見に満ちた「有識者」の悪質な煽動に惑わされて、恐怖している人も存在するかもしれない。しかし、後世振り返ってみたときに、必ず「どうして、あのときあそこまで騒いだのだろう？」と不思議に思うことになるだろう。

これは、安保闘争のときも、ＰＫＯ法案のときもそうだった。

中曽根康弘元総理は、政治家は「歴史という法廷に立たされる」と指摘していたが、その通りだ。将来の国民が過去を振り返ったとき、あの判断は、正しい判断であったという決断を下した政治家こそが評価されるべきなのだ。瞬間的な民意に依って、後先を考えずに行なう大衆迎合的な政治は、そのときには歓迎されるだろうが、歴史という法廷によって否定される。

安全保障の問題に関して、私の立場は明確だ。

本来であれば、日本国憲法を改正する必要がある。この憲法には、日本をいかに守るかについて、まったく書かれていない。書かれているのは「平和を愛する諸国民の公正と信義に信頼して、われらの安全と生存を保持しようと決意した」という、ナンセンスな国際認識だけだ。

憲法は次のように定めている。

第九条　日本国民は、正義と秩序を基調とする国際平和を誠実に希求し、国権の発動たる戦争と、武力による威嚇又は武力の行使は、国際紛争を解決する手段としては、永久にこれを放棄する。

2　前項の目的を達するため、陸海空軍その他の戦力は、これを保持しない。国の交戦権は、これを認めない。

第一項は、侵略戦争の放棄だから、これを否定する必要はない。だが、第二項の「戦力」を否定し、「交戦権」を否定する部分は、異常だ。

「戦力」を放棄し、「交戦権」を否定するのならば、本来、非武装中立論しか成り立たないだろう。実際に社会党は、非武装中立を主張し、自衛隊の解体を主張していた。これは、国際政治の中では、あまりに非現実的な主張だが、憲法解釈としては、筋が通っている。

だが、非武装中立では国が亡びる。そんなことは誰にでも理解できることだ。それで、「戦力」に至らない「自衛力」という苦しまぎれの解釈を創り上げた。「交戦権」に関しても、「占領」までは行なわない云々と「交戦権」を極めて幅広く解釈し、そのすべてを持つものではないと解釈した。

今日まで続く国防に関する神学論争は、ここに原因がある。自衛隊を創設する際に、憲法改正をするのが筋だったのだ。しかし、現実との妥協の中で、苦しまぎれの「解釈改憲」で逃げ切った。

安倍内閣による集団的自衛権の限定的な行使容認も、この解釈改憲に端を発する神学的な解釈の一つだ。

実際問題として、ＰＫＯ任務における「駆けつけ警護」やシーレーンの防衛に関して、従来、憲法の解釈上、禁止されている行為だと判断されてきた行為が、日本にとって必要となっている。そして、世界の多くの国々も日本が、そうした行為に参加して欲しいと願っている。こうしたなかで、本来は憲法改正を行なうべきところ、もう一度、大変苦しい解釈改憲

（厳密には「あてはめ」の変更）を行なったのが、今回の安倍内閣だ。

安全保障の問題は票にならない。そして、「軍国主義者だ」「戦争を始める」と、いわれなき誹謗中傷を受ける。その意味で、政治家にとっては難問だ。敢えて火中の栗を拾いに行ったようにも思える。

だが、この安全保障に関する法案の整備は、誰かがやらなくてはならないものだった。いつまでも、「集団的自衛権はすべて行使できません」と言って、大国としての責務を放棄するわけにはいかなかったのだ。敢えて、困難な選択をした安倍内閣を私は高く評価したい。

今回の安倍内閣の決断に対して、「立憲主義を破壊する」との非難の声があった。だが、これはおかしな話だ。

日本国憲法において、立憲主義を貫徹しようとすれば、自衛隊は違憲だと主張せざるを得ないことになる。実際に、多くの憲法学者は、本心では自衛隊の存在を違憲だと考えている。だが、彼らは「自衛隊を廃止せよ」とは主張していない。そのような過激なことを主張したら、国民が驚愕するからだろう。だから、「集団的自衛権」の問題に限って、「立憲主義が破壊される」と叫んでいるのだ。

彼らの立憲主義が「偽《いつわ》りの立憲主義」にほかならないのは、「違憲である」と考えている

「自衛隊」の存在そのものには言及せずに、「集団的自衛権」の問題にのみ言及するからだ。実に卑劣である。

本文で詳述したように、日本を取り巻く情勢は大きく変化している。現実的にわが国の平和を守り抜かねばならない。

平和を守ろうと安全保障体制を構築しようとする人に対し、「戦争をしようとしている」とレッテルを貼り付け、冷静な議論を拒否する。

一体、どちらが本当に平和を希求しているのか。

「平和の敵」、それは現実を見つめようとしない楽観論であり、「偽りの立憲主義」だ。

しばし、安倍批判が続くだろう。

無根拠な誹謗中傷もあるだろう。

だが、歴史の法廷において、安倍総理の決断は、必ず英断として評価されることになるだろう。

目次

第2章　憲法九条がありながら、なぜ自衛隊は存在できるのか？　48

第3章　近代立憲主義とは何か？　73

第4章　偽りの立憲主義　108

第5章　集団的自衛権の行使は是か非か？　135

第6章　ＰＫＯ活動の新たな一歩　201

補遺　虚偽と暴力にまみれた憲法制定過程　233

第1章　暴走するリベラルたち

安保法案反対なら何を言ってもいいのか？

政治という営みが困難なのは、全員が納得し、賛成できるような、完璧で唯一の答えというものが存在しないからだ。仮に完璧な答えを出したという人物が存在したら、その人物は、かなり独善的な人物だと言わざるを得ないだろう。当然の話だが、一人一人の価値観はかなり異なっており、すべての人々を一つの価値観によってまとめることは不可能だ。もし無理やり一つの価値観を強制しようとしたら、それは暴力やテロルによって、反対意見を弾圧する全体主義という形をとることになる。

他者との価値観の違いを前提としながらも、できるだけ丁寧に議論をかわし、最終的には定められた規則に従って、物事を決定していくよりほかに方法はない。それが政治の宿命というものだろう。

今回の安保法案に関して、非常に気になったのは、反対派の自称「リベラル」たちの暴走だ。つくづく悲しいと思うのだが、日本では安全保障の問題となると、極端で過激な言説がまかり通る。

「徴兵制がやってくる」

「安倍は戦争を始めようとしている」

「安倍は馬鹿だ」

普通であれば、公の場で耳にしないような過激な言説が飛び交う。

デモという形式が熱狂を生むのかもしれないが、ほとんど生産性のないデモの中で、過激な言説に多くの人々が陶酔する。

二〇一五年八月三〇日、国会議員が誰もいない国会を取り囲んで、多数の国民が参加するデモが開催された。当然だが、日曜日に国会は開かれていないので、国会の中に国会議員はいなかった。いたのは守衛くらいだろうから、実際には、国会というシンボルに向かってのデモだったわけだが、聴く相手がいないなかで行なわれるデモというのも、奇妙なものだった。写真や動画で確認すると、かなり多くの人々が参加した模様だった。

こういうとき、デモの人数の多い、少ないがいろいろと問題になる。デモの参加者は、なるべく参加者が多かったと伝えたがる傾向があるし、デモの批判者は、なるべく参加者が少なかったと伝えたがる。したがって、あまり具体的な数字は当てにならないと考えるのが常識というものだろう。実際のところ、デモに何人いたのかなど、誰にもわからないし、こういう類の主催者発表はいい加減だ。だから、多数の人々が参加した、としておくのがいいだろう。写真や動画で見ればわかる通り、決して少なくない人数が集結しているのは事実だが、日本全国に住む人々からしたら、ごくわずかな人数だともいえる。

このデモに参加した政治学者の山口二郎氏が、次のように述べていた。

「安倍に言いたい！　お前は人間じゃない！　叩き斬ってやる」

動画で見る限り、物理的に叩き斬るとは言っておらず、「民主主義の仕組みで」と留保している点は、まあ、ほっとするが、それにしても穏やかな話ではない。

だが、よく考えてみると、「叩き斬る」云々という部分よりも、前半の「安倍に言いたい！　お前は人間じゃない！」という叫びの方が、危険な叫びだと思える。

山口氏によれば、安保法案を推進する安倍総理は「人間じゃない」ということになるが、この論理に従えば、安保法案を支持する国民も「人間じゃない」ということになってくるだろう。そうすると、山口氏に叩き斬られることになる国民は夥しい数にのぼることになる。

山口氏は、ツイッターで次のように発言している。

「今日は、学者の会の会見、日弁連の会見、日比谷野音の集会とデモに参加し、一日中安保法制反対を叫んだ。日本政治の目下の対立軸は、文明対野蛮、道理対無理、知性対反知性である。日本に生きる人間が人間であり続けたいならば、安保法制に反対しなければならない」（二〇一五年八月二六日）

山口氏の論理に従えば、安保法案に反対する人間が「文明」であり、「道理」であり、「知性」である。その逆に安保法案に賛成する人間は「野蛮」であり、「無理」であり、「反知性」だという。そして、安保法案に反対する人間こそが、「人間が人間であり続けたい」と願う人だという。ここでは明らかにされていないが、安保法案に反対する人間は「人間が人間であり続けることを拒む」存在だということになる。

マイクを持った「ならず者」

政治に関与する人間は、自らの「正義」に陶酔するあまり、敵対者を「悪魔化」する傾向がある。これは、古来より変わることのない「正義の狂気」だ。往々にして正義が人を殺してきた。ロベスピエール、レーニン、ヒトラーといった革命家は、自らの正義に酔い痴れ、敵対者を悪魔化し、大量虐殺を肯定した。

私は安保法案に賛成する一人だが、もちろん人間だ。安保法案に賛成する人々も、反対する人々と同じ人間だ。意見が異なるだけだろう。

安保法案に賛成するにせよ、反対するにせよ、敵対者を「悪魔化」「非人間化」して攻撃するような愚かな真似はすべきでない。反対の声をあげるなら、頭を冷やして、冷静に反対の声をあげるべきだ。

調べてみると、山口氏は、どうも安倍批判のためであれば、いくら口汚く罵ってもよい、あるいは、むしろ口汚く罵れば、罵るだけよいと考えている節がある。だから、議論が冷静ではなく、それは批判ではなく、ただの罵倒なのだ。

たとえば、あるインタビューで安倍総理に関して次のように評している。

「グランドファザー・コンプレックスとでもいうのかな。安倍首相は一族内ではお利口サンではないから、幼い頃から周囲にバカにされてきたんじゃないですか。その積年の恨みを祖父を超えることで晴らしたいわけです。祖父がやりたくても出来なかったことを実現することでね。そんな個人的な劣等感と、武力行使を放棄した戦後日本に対する劣等感とが、安倍首相の心の内でぴったり融合しているような印象です」（『日刊ゲンダイ』二〇一五年七月一三日）

普通に読んでいるだけで、いくつか疑問がある。

安倍総理が一族内で「お利口サン」ではなかったのは事実なのか？

幼い頃からバカにされてきたのは事実なのか？

これは何の証拠もないただの思い込みや決めつけなのだ。こうして、自分自身で決めつけた劣等感こそが、安倍総理を衝き動かす原動力だとさらに決めつけ、非難を続ける。

これは批判ではない。暴言だ。

山口氏が安保法案に反対するのは構わないし、当然、そうした自由もある。だが、批判ではない暴言で、他者の人格を貶《おとし》めるのは下品というものだろう。真摯に将来の日本の平和を望むからこそ、安倍総理を支持する人々が存在することを全面的に否定するのは、傲慢というものだ。

この山口氏が安倍総理、またその側近に対して、次のように批判していることも興味深い。

「今の日本では、最高権力者自身がならず者同然の暴言を繰り返している。さらにその周辺には、ペンを持ったならず者がいる」(『東京新聞』二〇一四年一一月九日)

山口氏こそマイクを持った「ならず者」に見えるのは、私だけだろうか。

自らの正義に陶酔する人々

こうした自らの正義に陶酔するのは、政治学者、山口二郎氏だけではない。

憲法学者の水島朝穂氏が、安保法案に反対するSEALDsのデモに参加して、次のように発言したという。

「今、新しい民主主義が国会前で始まっている。それはなにか。今まで私が、四五年前、高校生でここでデモをやった時、どっちかというと後ろからついていったデモだったんですけど、全然違うの。今日、先頭で、学生といわゆる学者が一緒に歩いたんですよ。そして、『民主主義って何だ』って彼らが問うたら、『これだ』と言ったんですよ。私、初めて、憲法やって三三年、飯食って来ましたが、今日、初めて、憲法って何だって分かりました。これなんですよ。

俺たちが人民なんです。だから、それに反対するあそこにいる政権には退陣を願いましょう。廃案しかない。廃案しかあり得ない。がんばりましょう」

学生と学者が歩くのがそんなに感動的なのかどうか知らないが、それは個人の感性の問題だから、どうでもいい。しかし、どうしても気になるのが後半の部分だ。

「民主主義って何だ」

「これだ」

要するに自分たちの行なっているこのデモこそが民主主義だと言いたいらしい。

さらに、三三年間研究してきたという憲法も、「これ」だということがわかったという。

こんなにひどい民主主義解釈も、憲法解釈もないだろう。いくら興奮した状態の発言とはいえ、これはひどすぎる。三三年間、本当に憲法を研究してきたのだろうかと疑わざるを得ない。次の発言に至っては、もう驚くしかない。

「俺たちが人民なんです。だから、それに反対するあそこにいる政権には退陣を願いましょう」

この水島氏の論法に従えば、安保法案に反対するデモこそが、「民主主義」であり、「憲法」であり、さらに「人民」なのだという。では、安保法案に賛成する人間は、すべて「反民主主義」であり、「非憲法」であり、「非人民」ということになるのだろうか。

私はここに正義に陶酔する政治的イデオローグたちの危うさを見る。かつて『逆説の政治哲学』（ベスト新書）という本を書いたときに、サブタイトルを「正義が人を殺すとき」にした。

フランス革命にせよ、ロシア革命にせよ、ナチズムにせよ、大量殺戮に手を染めた人々の中には「正義」の観念が宿る場合が多い。自分たちだけが正義を体現しているのであって、自分たちに逆らうのは、「正義」に対する拒絶、すなわち、「不正義」にほかならないという論法だ。

正義に溺れる政治的イデオローグを描いた作品として、アナトール・フランスの『神々は渇く』が有名だが、直近の作品では、『デス・ノート』をあげることができるだろう。私は漫画やアニメの類が苦手なので、映画で観たのだが、よくできていて面白かった。この主人公は、決して悪人ではない。もともとは善人なのだ。だが、正義の観念に衝き動かされ、とてつもなく悲惨な事件を起こす。

日本における連合赤軍事件もそうだが、参加者一人一人は、真面目で、純粋な人間なのだろう。

しかし、「正義」の観念に取りつかれて、反対派を悪魔化して大量殺戮に至るのだ。

安保法案に反対するのは自由だし、デモも自由だ。そういう自由を侵害するつもりはまったくない。

だが、反対派の人々にも覚えておいてもらいたいのは、この国には、賛成派も存在するという事実だ。

以前、芸能人のつるの剛士さんが、ツイッターで次のように発言したことがあった。

「『反対、反対』ばかりで『賛成』の意見や声も聞きたいなぁって報道やニュース観ていていつも思う。賛成派だって反対派だって平和への想い、戦争反対の想いは同じ。大切なコトだからこそ若い子達だって感情的、短絡的な意見にならないために色んなこと公平に一緒に考えたいよね」（二〇一五年七月一五日）

これは多くの国民が感じていることなのではないだろうか。安保法案に対する反対派が存在する一方で、賛成派が存在するのも事実だ。まるで賛成派を悪魔化して、戦争を好む人々やナチス呼ばわりするような非難は、あまりに極端ではないだろうか。日本の平和と繁栄、そして国際社会への貢献を願うからこそ、今回の法案に賛同する人が存在するのだ。

「俺たちが人民なんです」というが、「国民」はあなたたちだけではない。大声をあげることはないかもしれないが、静かに安倍内閣を支持し、今回の安保法案にも賛成している国民も数多く存在するのだ。「俺たちの声も聞け」というなら理解できるが、「俺たちの声こそが人民の声だ」とばかりに、自らに反対する人々の存在を無視するかのような発言は、極端に傲慢な発言だし、自らの正義に溺れる人間の発言だと言わざるを得ない。

論理的に破綻した主張を展開する鳥越俊太郎氏

ほかにも、まったくの思い込みや、あまりに非現実的な楽観主義の立場から、安保法案に反対する人がいた。

その典型例が、ジャーナリストの鳥越俊太郎氏である。

この人の言うことは絶対に矛盾している。私がそう確信せざるを得ない忘れがたい「事件」があった。

二〇一四年の八月一五日のことだ。ＮＨＫの終戦特番で「集団的自衛権」について議論となった。

出席者は、集団的自衛権行使容認について、批判派として、鳥越俊太郎氏（ジャーナリスト）、加藤陽子氏（歴史学者）、瀬谷ルミ子氏（日本紛争予防センター理事長）。賛成派は、岡本行夫氏（外交評論家）、吉崎達彦氏（エコノミスト）、そして、私だ。

私はあまりテレビを観ないので、鳥越氏がいかなる思想信条の持ち主なのか、ほとんど知らないままに出席したのだが、その主張の極端さというか、論理的な整合性のなさは凄まじいものだった。

冒頭部分で鳥越氏は、多くの人々が日本が攻め込まれるという雰囲気になっているが、そんなことはあり得ない、「虚構」だと断じ、逆に「どこが攻めてくるんですか」と質問してきた。

私は、攻められる可能性がまったくないと決めつけてしまうことはできないとして、たとえば、尖閣諸島の問題に関していえば、中国が攻めてくる可能性があると言った。

どうも、鳥越氏の脳内では、本当に攻めてくる国などあり得ないという前提で議論が始まっている様子だった。

話が中盤に差しかかってくると、鳥越氏が、「私は自衛隊の存在は認めている」と言うから、私は質問した。

「攻めてくる国がないならば、個別的自衛権の行使も必要ではない、ということになりませんか？」

テレビでは、うまく映っていなかったが、このとき鳥越氏は「そうですね」と軽く答えた。

その後、岡本氏が台湾有事の際に、日本が協力する方法などを述べ、戦後日本の平和は、日米安保を中心とした国際的ネットワークによって守られてきたと指摘すると、鳥越氏が質問してきた。

「どこが日本の国を攻めてくるんですか？」

岡本氏は冷静な方で、落ち着いて次のように返答した。

中国の国防費の異常な膨張ぶり、南シナ海において実効支配を強めつつあるという現実。そして、仮に日米安保条約がなかったら、中国軍が尖閣諸島に向かう可能性があることを述べた。

こうした岡本氏の説明を聞き、鳥越氏はさらに質問を続ける。

尖閣は日本の領土だというが、尖閣には人が住んでいない。無人島を守るために、自衛隊を出動させる必要があるのか、と。

岡本氏は、海上自衛隊が守るし、米軍も航空管制機を飛ばすなど支援するだろうと述べ、そして、万が一、中国軍が沖縄本島に近づくことがあったら、日米安保条約に従って、直接行動すると公言するだろうと答えた。

これに対して、鳥越氏は「それは妄想だよ」と非難し、「そんなことあり得ない」と断言した。

これに対して岡本氏が、日本には自衛隊も防衛予算もいらないということかと聞いた。

すると、鳥越氏は「自衛隊は必要だ」と答える。

岡本氏が「どこが攻めてくるんですか？」と問うと、「災害時に必要……」と答え、「災害のためだけか？」と、さらに聞かれると次のように答えた。

「もし、万一、ないと思うけど、万一、中国なり、北朝鮮は来ないと思いますよ。北朝鮮は日本を攻める意味がまったくないので、中国はあるかもしれない……」

番組の冒頭から、「どこの国が攻めてくるんだ」と大声をあげ、日本を攻めてくる国があるという想定そのものが「虚構だ」「妄想だ」と繰り返していた当人が、中国が攻めてくる可能性を否定できないから、自衛隊は必要だというのだ。

舌の根も乾かぬうちに、ここまで態度を急変させる人物を初めて目撃した。国民を騙してやろうという悪意は感じなかったが、ここまで論理的に破綻した議論を堂々と展開する神経には正直、恐れ入った。

要するに、鳥越氏は論理的な整合性を考えずに楽観論に立ち、リアリズムの立場から発言する人に対して「妄想だ」「虚構だ」と根拠のない罵声を浴びせ、相手の議論を封じようとするのだ。残念ながら、彼の脳内の世界観の方が「妄想」や「虚構」であることを自ら曝露したのである。

集団的自衛権の行使を認めるとテロが起きる？

この論理的に破綻した主張を堂々と展開する鳥越氏が集団的自衛権の行使に関して衆議院特別委員会で発言していた。二〇一五年七月一日のことだ。

その前日、新幹線の中で油のような液体をかぶって、他人を巻き込みながら焼身自殺した老人がいたために、交通ダイヤが大幅に乱れた。偶然、私も当日、新幹線に乗り、「車内で油をかぶったお客さまがいたため」という、生涯で二度と目にすることはないであろう案内表示を眺めながら、大幅に遅延する車内で本を読んでいた。

事件の翌日に国会に登場した鳥越氏は、日本がイスラム過激派のテロリストに狙われる恐れがあるとして、「私がもしイスラム原理主義のテロリストだとすれば、まず最初に考えるのはですね、皆さんご想像通り新幹線です」と述べた。

当日の鳥越氏の主張は簡単に要約できる。

現在の国際政治はアメリカとイスラム教過激派との間の戦いが基本軸となっている。イスラムの過激派は、本気でジハード（聖戦）で死ねば、天国に行けると信じている。

「聖戦、ジハードの戦士たちはですね、本当に僕がもう子どもからお母さんから一般の兵士も含めて全部取材をしましたけども、彼らは心から、そのジハードつまり聖戦で命を捧げた場合はですね、天国に行けると思ってるんですね。だからああいう自爆テロを平気で起こす」

どう考えてみても「全部取材」できたはずはないと思うが、鳥越氏なりに、多くの人々をインタビューしたのだろう。鳥越氏によれば、こうしたイスラム過激派に所属するのは「ならず者」だけではない。

「ニューヨークで飛行機で突っ込んだイスラム教の過激派の連中はみんな高学歴ですよ。その辺のならず者がやったわけじゃない。ハンブルグの工科大学などで優秀な成績で卒業しているようなそういうエリートがですね、まぁ行なった行為であると考えると大変恐ろしい」

「学歴の高いならず者」に多く出会った私からすると、学歴が高いから「ならず者」ではないという理由は、納得できないが、鳥越氏が主張しているのは、「愚か者」だけが過激派に所属しているのではなく、知的なエリートまでもが、イスラム過激派に所属しているということだろう。

このあたりまでの主張は、現実を説明しているだけで、とくにご自身の極端な世界観の説明や極論というわけではない。話がおかしな方向へ逸れ始めるのは、このあとだ。

日本が集団的自衛権の行使を認めると、中東地域において、イスラム勢力と相対峙する米軍を支援することにつながり、日本でもイスラム過激派によるテロが起こるというのだ。

「将来日本の自衛隊がアメリカ軍の後方支援で、どこか中東地域かどこかわかりませんが、行った場合に、明らかに日本の自衛隊がですね、アメリカの友軍である、友達である、というつまり彼らの論理からすればイスラム教、イスラムの国にとっての敵であるという認識を持つ可能性がある。これは可能性ですよ」

「イスラム教過激派というのはですね、世界でアメリカと対立して紛争、戦争を起こしてる。そういう中に日本は、集団的自衛権ということで突っ込んで行くということの危険性についても是非一考願いたい」

この鳥越氏の議論は、一見、まともな議論に思われるかもしれない。だが、よく考えてみると極めておかしな議論だ。

なぜなら、すでに日本はイスラム過激派から、「敵」として認定されているからだ。オサマ・ビン・ラディンは次のように宣言している。

「我々は、適時適所でこの不正義の(イラク)戦争に参加しているすべての国々、とくに英国、スペイン、オーストラリア、ポーランド、日本およびイタリアに対して応戦する権利を留保している」

「日本やイタリアのような安保理の奴隷としてイラクに滞在する国の国民を殺害した者には、金五〇〇グラムを与える」

イスラム過激派については、いろいろ本を読んで学んだが、彼らの主張は、かなり筋が通っているが、その筋の通し方が極めて過激なのだ。アルカイダ以上に危険な「カリフ制」を復興しようという、いわゆる「イスラム国」（ＩＳ）の主張は、個人の自由や基本的人権といった我々にとっての普遍的な価値観を真っ向から否定する。「信教の自由」などまったく認めない。彼らのロジックに従えば、「啓典の民」（キリスト教徒、ユダヤ教徒等聖書を信仰する人々）たらぬ我々日本人は、信仰を知らない野蛮な集団だということになる。

近代世界の価値観を根底から否定するという意味において、「近代の超克」というか、「近代の否定」こそが、彼らの主張の核心であり、こういう人々と近代的な個人の自由を基盤とする世界の人々が、いくら話し合っても、合意に至ることはあり得ない。

鳥越氏の主張によれば、今後「集団的自衛権の行使」を認めれば、イスラム勢力が攻撃を仕掛けてくるというが、そうではない。

すでに日本は敵視されているのだ。

だから、二〇〇四年四月二四日、ペルシャ湾から日本に向けて原油を輸送中の超大型タンカー「高鈴」が攻撃されたのだ。石油積み出しターミナルを狙い、イスラム過激派のテロリストたちが、小型高速ボートで自爆テロを仕掛けた。そこに日本のタンカー「高鈴」があったのだ。

この「高鈴」への自爆テロ攻撃に対して多国籍軍が発砲し、何とか大惨事を防ぐことができたが、このテロリストとの戦いで、米海軍兵二名と米沿岸警備隊員一名が死亡している。彼らは日本のタンカーを守るために、生命を落としたのだ。我々の平和と繁栄は、テロリストと戦ってくれている多国籍軍によって守られているのだ。

テロリストたちは、このテロに関して、次のように主張している。

「アメリカ経済は原油の価格が上がることは何であっても耐えられないであろうことはよく知られている」

テロによって、原油価格を高騰させ、アメリカを中心とする先進国を干上がらせようという戦略だ。

こうしたテロリストとの戦いはすでに始まっており、日本の集団的自衛権の行使容認によって始まるわけではない。そしてまた、彼らとの話し合いは不可能だ。テロルに対しては、断固たる姿勢を示す以外に方法はない。

こうした危険なテロリズムに対し、日本だけが知らぬ存ぜぬという無責任な態度をとり続けることは、大問題だろう。日本も世界平和のためにできる限りの貢献をする。それが、当然のことではないだろうか。

空想的な平和主義から現実主義へ

どうも日本国民の中には、安全保障の問題に関して、「話せばわかるはずだ」という楽観的な思い込みがあるように思われる。

安保法案に反対する学生たちからなるＳＥＡＬＤｓのメンバーが次のようにスピーチしたとして、ツイッター上で話題になった。

「もし本当に中国や韓国が攻めてくるというのなら、僕が九州の玄関口で、とことん話して、酒を飲んで、遊んで、食い止めます。それが本当の抑止力でしょう?」

本当にこのままの発言があったのかどうか、真偽のほどは定かではないが、この発言が、一つの空想、「誰とでも話し合えばわかりあえる」という空想を端的に表現したつぶやきであることは間違いないだろう。

話し合いで解決する。

多くの日本人は、そう信じ込んでいるが、それは、ある意味では独善的な態度だ。

世の中には、他者との話し合いを拒否して、自らの信念を貫こうとする人々が存在するからだ。

たとえば、我々はいわゆる「イスラム国」が現在進行形で行なっている残虐な行為、そして、罪なき日本国民を殺害した事実を思い起こす必要があるだろう。

彼らは説得によって、国内の異教徒たちの虐殺、奴隷化をやめるだろうか。また、日本国民の殺害をやめたのであろうか。

おそらく、日本国内で最も強烈で個性的なイスラム教徒の一人であろう中田考氏は、自らのツイッターで次のようにつぶやいたことがある。

「ISカリフ国に対して『罪もない市民を殺す残虐行為』などと平気で書ける者は、人間にとって最も重い罪とは創造主を信じずその命令に背くことであり、人は誰でも罪人であり、中でも異教徒は創造主を信じない時点で最悪の罪人、哀れみにより生かされているだけの存在であることに思いが及ばないのか」（二〇一四年八月二二日）

中田氏の論理は、我々が前提とする自由民主主義社会の論理とは異なる。

「人間にとって最も重い罪とは創造主を信じずその命令に背くこと」

「異教徒は創造主を信じない時点で最悪の罪人、哀れみにより生かされているだけの存在である」

こうした論理は、一つの信仰に基づいた論理であって、こうした論理を間違っていると否定することはできない。私はそう信じることができないが、実際に、このような神が存在し、異教徒を罰するということがあるのかもしれない。それは私にはわからない。だが、一つだけ言えるのは、こうした宗教に基づいた論理は、信仰者以外に受け入れられることのない論理だということだ。

だから、こうした論理を国家の論理として掲げる国家とは、話し合うことなど不可能だ。別にイスラム国だけではない。話し合いが不可能な事例など、世の中にはいくつもある。パレスチナ問題、ウクライナ問題、チベット問題……。こうした問題をすべて話し合いで解決することができるというのならば、そのうちの一つでもよいから、解決して欲しい。口先で「話し合いで解決できます」と言うのではなく、実際に、解決不可能だと思われていた難問を話し合いで解決してみせてもらえれば、多くの国民はそうした方法論に納得するだろう。

だが、現実は、それほど単純ではない。わかりあえない、理解しあえない価値観を有する人々が織りなすのが世界なのだと認識したうえで、少しでも理解に向けて動き出すのが現実的な態度というものだろう。

空想的な平和主義ではなく、現実主義こそが、現実を改善するのだ。

安全保障の問題は個人の交友関係とは別次元

ほかにも、今回の安全保障法案に関して、勘違いから、頓珍漢な発言をする人もいる。俳優の渡辺謙さんがツイッターで次のように発言している。

「一人も兵士が戦死しないで70年を過ごしてきたこの国。どんな経緯で出来た憲法であれ僕は世界に誇れると思う、戦争はしないいんだと！　複雑で利害が異なる隣国とも、ポケットに忍ばせた拳や石ころよりも最大の抑止力は友人であることだと思う。その為に僕は世界に友人を増やしたい。絵空事と笑われても」（二〇一五年八月一日）

このつぶやきに賛同している人が多いというから、まずは事実を伝えておきたい。

一人も戦死していないというのは、事実に反する。実は、朝鮮戦争の際に日本の海上保安庁に所属していた「日本特別掃海隊」が派遣され、朝鮮沿岸で掃海作業を実施し、死者一名、負傷者一八名の被害が出ている。「一人も兵士が戦死しない」という事実はない。少なくとも、このとき一名が亡くなっている。

また、「戦死」ではないが、訓練中に自衛隊員の方々が命を落とすこともある。彼らの、文字通り命懸けの訓練によって、日本の安全保障は担保されているのだ。この事実を忘れてはいけない。戦争ではなくとも、自衛隊員は命を落とすリスクを背負って国防に従事しているのだ。彼らに対する敬意がなければおかしい。

「どんな経緯で出来た憲法であれ僕は世界に誇れると思う、戦争はしないんだと！」

「どんな経緯で出来た憲法であれ」との言葉から、憲法制定過程に、何かいかがわしいものを感じていることがわかる。この感覚は、正しいが、世界に誇るべきは憲法ではない。日本の戦後の平和が担保されてきたのは、憲法のおかげではない。自衛隊と日米安保条約の存在による。世界に誇るなら、自衛隊と日米安保によって平和を守ってきたという事実そのものを誇るべきであって、憲法を誇るべきではないだろう。

いわゆる「平和憲法」があったからこそ、日本の平和は保たれたというのは、虚構にすぎない。仮に自衛隊、日米安保が存在せずに、日本の平和は守られたのかを想像してみればいいだろう。

「複雑で利害が異なる隣国とも、ポケットに忍ばせた拳や石ころよりも最大の抑止力は友人であることだと思う」

友人であることは大切なことで、それは否定されるべきではない。しかし、国際社会の中で永遠に友人であり続ける担保はどこにもない。残念ながら、利害の錯綜とする国際社会の中では、万が一に備えておかねばならないのが現実だ。わが国の国民の生命、財産を守るのが政治の責務だからだ。相手の装備が「ポケットに忍ばせた拳や石ころ」程度なら、構わないのだが、残念ながら、もっと強力な軍備を持った国が存在しているのだから、その事実は直視する必要がある。

「その為に僕は世界に友人を増やしたい。絵空事と笑われても」

これは絵空事だとは思わないし、絶対に必要なことだと思う。私自身も中国人、韓国人の友人がいるが、そういう人々との友情を大切にしていきたいと考えている。

しかし、安全保障の問題は個人の交友関係とは別次元の話だ。

私は渡辺謙さんの出演した「ラスト・サムライ」の大ファンで、渡辺さん自身に含むところはまったくない。しかし、こういう何気ないひと言が、あまり安全保障について考えていない人々におかしな影響を与えてはまずいと考えて、書いておくことにした。

「あなた方だけには何も言われたくない」

政治家を引退したはずの元総理、あるいはしぶとく政治家であり続けている元総理たちも暴走していた。

産経新聞に次の記事が記載されていた。

「新聞社や放送局の元記者ら約50人でつくる『歴代首相に安倍首相への提言を要請するマスコミOBの会』は11日、歴代首相5人の提言を公表した。安全保障関連法案の成立を目指す安倍首相を『立憲主義に反し、民主主義国の首相としての資格はない』（菅直人氏）などと批判している。

同会によると、7月に首相経験者12人に要請文を送り、菅氏のほか細川護熙、羽田孜、村山富市、鳩山由紀夫の4氏が応じた。提言は首相官邸に郵送する」（『産経新聞』二〇一五年八月一二日）

調べてみると、ネット上でそれぞれの手紙をすべて読むことが可能だった。

ここではその一部分を抜粋しておこう。

【細川護熙元総理の手紙より抜粋】

「戦後日本の発展と国際的地位の獲得は、平和国家としての立場によってもたらされたものであり、かつ平和国家日本は、何よりも憲法9条をもつ平和憲法によって実現された。我々は、平和憲法をもったことの意義を十分わきまえなければならない」

「憲法9条をもつ平和憲法を変えることは（解釈改憲によるとしても）、世界に確立した平和国家日本のイメージを損なう危険があるばかりでなく、日本人自身にとっても、その目指すべき将来の国家像を混乱させる」

この政治家の現実感覚のなさには呆れてしまう。戦後日本の発展と国際的地位は、憲法九条、「平和憲法」によってもたらされたものではあるまい。誰がどう考えてみても、堅固なる日米同盟と、自衛隊が存在したからこそ、戦後日本の発展と国際的地位の獲得があったのだ。仮に、日米同盟も、自衛隊も存在しておらず、「平和憲法」が存在するだけで、戦後日本の発展があっただろうか。国際的地位の獲得があったであろうか。おそらく、それは不可能だったはずだ。

憲法九条、平和憲法によって、日本の平和と繁栄が守られてきたなどという、旧社会党のような時代錯誤な認識は、もはや不要だ。

【菅直人元総理の手紙より抜粋】

「私は政治家の使命は国民のため、自国のため、世界のためを考えて行動することだと考える。いくら肉親であったからと言って、国民や日本の将来よりも亡くなった祖父の思いを優先する安倍総理の政治姿勢は立憲主義に反し、民主主義国の総理としての資格はない」

これは自分自身の虚構の論理によって他人を攻撃する、妄想型攻撃の事例の一つだと言ってよい。安倍総理が「国民や日本の将来よりも亡くなった祖父の思いを優先」しているなど、どのような根拠に基づいての発言なのかがわからない。

まったく根拠が不明なまま、他人の姿を「かくかくしかじか」であり、こうした姿は不適切だ、と断じるのだが、「かくかくしかじか」であるという根拠そのものがないのだから、これは、ただの決めつけであり、誹謗中傷に等しい文言だと言ってよいだろう。こうした事実に基づかない、妄想じみた誹謗中傷は、元総理経験者に相応しいものとは思えない。

【鳩山由紀夫元総理の手紙より抜粋】

「私は日本を『戦争のできる普通の国』にするのではなく、隣人と平和で仲良く暮らすにはどうすれば良いかを真剣に模索する『戦争のできない珍しい国』にするべきと思います」

鳩山由紀夫氏は、自らが「宇宙人」と呼ばれることを喜ぶ、極めて「珍しい」政治家で、「日本列島は日本人だけの所有物ではない」などという極めて珍しい発言もあった。

しかし、多くの常識的な日本人は物珍しい発言をする政治家を望んでいるわけではない。また、日本という国家が「珍しい国」を目指すべきであると考える人も少ないだろう。鳩山氏のような大富豪ではなくとも、ささやかな幸せな生活が可能な日本だ。「隣人と平和で仲良く暮らす」ことに反対する人はほとんどいないだろうが、その手段は「珍しい」ものではなく、常識的な安全保障政策でよいと考えているのではないだろうか。やはり、鳩山氏の感覚は、日本国民の感覚というよりも、宇宙人のような感覚だと言わざるを得ないだろう。

【羽田元総理の手紙より抜粋】

「安倍総理から日本を守ろう」

この方は根本的に敵として認識すべき対象を誤っているのではないだろうか。「安倍総理から日本を守ろう」というのであれば、まるで安倍総理が日本国に攻撃を仕掛けてきているかのような感覚に陥るが、話は逆だ。安倍総理は他国から日本への侵略が難しくなるような安全保障体制を構築しようとしているのだ。

手段は異なってもいいが、国内の日本国民を敵視し、本来、日本を侵略する可能性のある諸国家を無視するというのは、まったく本末転倒した議論である。

【村山富市元総理の手紙より抜粋】

「国民の声や意思を甘く見てはいけない。来年の参議院選挙から衆議院の解散総選挙まで展望して勝負を決することが必要だ。主権者である国民が日本のあり方を決めるのだ。あきらめてはいけない」

この老政治家も感覚がずれている。現在、与党である自民党を選んだのは、国民の声であり、意思なのだ。前回の衆議院選挙、参議院選挙で示された国民の声、意思によって、安倍内閣は成立しているのだ。まるで、次回の選挙のみが「国民の声や意思」を示すかのような分析はまったく的外れだ。主権者である国民が、自民党を支持し、安倍内閣を支持したから、今日、安倍内閣が継続しているのだ。彼の古巣である社民党などは、国民にまったく支持されないから、低迷状態が続いているのだ。自分だけが民意を理解していると言わんばかりの、選挙結果を顧みない自己欺瞞的な発言だと言えよう。

もちろん、日本には言論の自由が保障されており、素晴らしい国だと思う。だが、こういう引退したはずの老政治家、総理を辞しながらも権力にしがみつこうとする政治家の醜悪な姿を見せられ、出鱈目で非論理的な発言を聞かされるのではたまらない。

政権運営がうまくいかなった結果、地元の選挙区で勝利すらできないと思われ、引退を決意した鳩山由紀夫氏。今や道端で話していても、誰も見向きもせず、結局のところ怒鳴り散らすだけの菅直人氏。引退して、陶芸品でも作っていればよいのに、ゾンビのように甦り都知事選で惨敗した細川護熙氏。ほとんど実績ゼロで、早々に引退したことだけが特徴の羽田孜氏。阪神大震災で危機管理に関する無能さから多くの国民を救出できなかった村山富市氏。彼に至っては、先の大戦の日本側の主張をまったく取り入れようとしない「村山談話」を作り、いまだに悪影響を与え続けている。

要するに、多くの国民からしてみれば、あなた方にだけは何も言われたくない、早く引っ込んで欲しいと思っている歴代の首相たちだ。多くの日本国民は、こういう人々を総理に選出したことを恥じている。野田総理や森総理には、批判が多いだろうが、彼らに連ならなかったことだけは評価していいだろう。申し訳ないが、これだけ無能な総理経験者が反対するということは、安倍総理の決断が間違っていないということを証明しているようなものだ。

村山元総理の異常な行動

なお、村山富市元総理に関しては、もう一つだけ指摘しておきたい。どうしても違和感を覚えざるを得ない行為があったからだ。

村山元総理は、中華人民共和国の建国五〇周年、建国六〇周年の式典に出席し、もう一度出席しようとして訪中した。体調を崩し、入院し、結果として実現できなかったようだが、彼は二〇一五年九月三日の「抗日戦争」戦勝七〇周年を祝う記念式典、軍事パレードに参席しようと訪中した。

そもそも徹底した平和主義を唱え、その政治活動の大半を「非武装中立」主義で過してきた社会党の老政治家が、軍事力を誇示するパレードに出席すること自体が、自身の政治信念に反しているだろう。それとも、彼は、日本に軍隊は不要だが、中国には必要だと考え続けてきたのだろうか？　百歩譲って、建国を祝う式典に出席するのは理解できるとしても、「抗日戦争」の勝利を祝う式典に出席するのは、いかがなものか。

これが日中和解のための式典ならば、出席は理解できる。勝者、敗者という恩讐を超えて、将来に向かおうという式典なら、参加する意義も理解できる。だが、あくまで中国は、戦勝国であると主張し、祝っているわけだから、これは和解のための式典とは思えない。しかも、日本が中国と戦争していた当時、中華人民共和国は成立しておらず、日本が主として戦ったのは蒋介石率いる国民党軍だった。

相手が勝者として、勝利を祝う日であるというのならば、日本国民にとっては、敗戦の事実を受け止めながら、その敗戦を悔やむ日ということになるはずだ。だが、この元総理は、日本の敗戦を祝すというのだから、これは、異常な行動だろう。いったい、この人はどちらの国家を大切にしているのか？

七〇年前、多くの日本の若者が祖国を守るために、悲壮な覚悟を定めながら散っていった。忘れてはならないし、二度と繰り返してはならないだろう。私には、抗日戦争の勝利を祝するという行為そのものが、日本のために亡くなった方々を嘲笑うような行為であるとしか思えない。

こんな人物が総理大臣をしていたという事実ほど、驚くべきことはないだろう。

村山元総理にとっては、記念式典に参席できなかったことは残念なことなのかもしれないが、自国が敗北したことを、戦勝国に阿《おもね》り、追従するような軍事パレードに、わが国の総理経験者が列席しなかったことは、せめてもの救いだった。

第2章　憲法九条がありながら、なぜ自衛隊は存在できるのか？

憲法に「集団的自衛権」の記述がないのに憲法違反？

現在、政府が「集団的自衛権」の一部分を、極めて限定的に行使が可能な体制を築こうとしている。もちろん、それが日本の国益に合致するとの判断からであり、「徴兵制」を導入したり、日本を戦争に巻き込むことを目的としたものではない。冷静に議論を眺めれば、理解できるが、効果的な抑止力を高め、日本の平和をより堅牢なものにすることを目的としている。

ところが、この「集団的自衛権」の行使容認が、日本国憲法、とりわけ憲法九条に違反しているとと、多くの学者たちが反対の声をあげている。

たとえば、東京大学名誉教授でフェミニストとして有名な上野千鶴子氏、神戸女学院大学名誉教授で数々のベストセラーを書いている内田樹氏らを発起人とした「安全保障関連法案に反対する学者の会」には、一万三千人もの学者、研究者が参加しているという。この会では声明を出しているので、参考までに引用しておこう。

「戦争しない国」から「戦争する国」へ、戦後70年の今、私たちは重大な岐路に立っています。安倍晋三政権は新法の「国際平和支援法」と10本の戦争関連法を改悪する「平和安全法制整備法案」を国会に提出し、審議が行われています。これらの法案は、アメリカなど他国が海外で行う軍事行動に、日本の自衛隊が協力し加担していくものであり、憲法九条に違反しています。私たちは憲法に基づき、国会が徹底審議をつくし、廃案とすることを強く求めます。

……60年以上にわたって積み重ねられてきた「集団的自衛権の行使は憲法違反」という

政府解釈を安倍政権が覆したことで、米国の侵略戦争に日本の自衛隊が参戦する可能性さえ生じます。日本が戦争当事国となり、自衛隊が国際法違反の「侵略軍」となる危険性が現実のものとなります。

彼らは、集団的自衛権の行使は、憲法違反であり、安倍政権は憲法の精神を踏みにじる、とんでもない政権だと騒ぎ立てている。そして、この法案が可決すれば、自衛隊がアメリカの「侵略戦争」に参加し、自衛隊が「侵略軍」となるという。

言いたいことはたくさんある。

しかし、まず、基本に戻って考えてみることにしたい。解釈は批判に先立つ。冷静な解釈に基づいた批判でなければ、それはただの根拠なき非難ということになってしまうだろう。

安全保障の議論の大前提となる憲法九条は次のように定められている。

第九条　日本国民は、正義と秩序を基調とする国際平和を誠実に希求し、国権の発動たる戦争と、武力による威嚇又は武力の行使は、国際紛争を解決する手段としては、永久にこれを放棄する。

２　前項の目的を達するため、陸海空軍その他の戦力は、これを保持しない。国の交戦権は、これを認めない。

第九条で定めているのは、侵略戦争の放棄、「戦力」「交戦権」の否定だ。安保法制で問題とされている「集団的自衛権」の有無については、憲法では、いっさい触れていない。仮に、この憲法で「集団的自衛権の行使は不可能である」ことが明確に定められていれば、集団的自衛権の行使は、明白な憲法違反となるだろうが、集団的自衛権については、明らかに否定はされていないことを確認しておきたい。このように具体的に示されていない事柄に関しては、憲法を解釈することによって、問題の解決を図るのが一般的だ。

憲法九条が日本の平和を保障しているわけではない

ところで、議論を先に進める前に、冷静に、落ち着いて、この第九条をもう一度読み直して欲しい。

明らかに「戦力」の不保持が宣言され、「交戦権」が明確に否定されている。

ここで、本来であれば疑問が浮かんで当然だ。すなわち、今では当たり前の存在であり、日本の国防に不可欠だと国民からの信用の厚い「自衛隊」は、「戦力」ではないのだろうか、と。

なぜ、日本では「戦力」の不保持と「交戦権」を否定した憲法九条が存在しながら、「自衛隊」が存在するのだろうか、と。

これは日本語が理解できる人間であるならば、誰もが当然に思いつく疑問である。

「戦力」の意味を手元に置いてある『広辞苑』で調べてみると次のように定義されている。

「（兵力のほか、兵器の生産力や物資の輸送力などを含めて）戦争を遂行し得る力。転じて、物事を遂行するための要因」

周知の通り、自衛隊には戦車や戦闘機、護衛艦等々の兵器が存在している。これらはすべて『広辞苑』の定義するところの「戦力」そのものだろう。

なぜ、「戦力」を持ってはならないと定めている憲法九条が存在しながら、自衛隊が存在するのか？

これは、冷静に考えてみるならば、答えるのが難しい問題だ。

「戦力」の不保持を謳った憲法九条が存在するのだから、自衛隊の存在は違憲ではないのか？

実は、この「自衛隊」を「合憲」だとする憲法解釈こそが、日本の防衛論議を神学論争のような、小難しく、一般国民には理解不能な議論へと変化させた元凶である。

憲法九条に対する誤解の一例をあげておこう。芸能人の太田光は次のように発言している。

「どんなに非難されようと、一貫して他国と戦わない。二度と戦争を起こさないという姿勢を貫き通してきたことに、日本人の誇りはあると思うんです。他国からは、弱気、弱腰とか批判されるけれど、その嘲笑される部分にこそ、誇りを感じていいと思います」（太田光・中沢新一『憲法九条を世界遺産に』集英社新書、七八頁）

なぜ、これが誤解かといえば、日本は「一貫して他国と戦わない」国ではないからだ。もちろん、日本から侵略戦争を仕掛けることは憲法によって厳しく禁じられているし、国民もそうした侵略行為を絶対に許容しないだろう。だから、「一貫して他国を侵略しない」であるならば、正しい。だが、日本の自衛隊は、他国が、日本を侵略してきた場合、自衛隊法に従って、日本を防衛する。すなわち、自衛隊は侵略軍とは戦うのだ。日本から戦争を仕掛けることは絶対にないが、万が一、日本に対する明白な侵略行為があった場合、自衛隊は日本を守るために戦う。だから、日本は「戦わない国」であるという理解は、憲法九条に対する誤解にほかならない。

しかし、憲法九条の文面だけを読めば、太田のように解釈するのが、一般的かもしれない。「戦力」を持たず「交戦権」が否定されている以上、あらゆる戦いが禁止されているように思えるだろう。だが、実際には、日本には自衛隊が存在しており、彼らは日本有事の際には、侵略してくる勢力と戦うことになっている。

自衛隊員がいざというときに、祖国を守るという尊い任務についているからこそ、現在の日本の平和が保たれている。決して、憲法九条が存在しているから、日本の平和と繁栄が保障されているわけではないのだ。

憲法が「戦力」「交戦権」を否定しながらも、日本には、有事の際に、祖国を守るために日夜汗を流している自衛隊員が存在する。

これは、よくよく考えてみると、極めて不思議な話だ。自衛隊の存在が当たり前と思ってしまっている我々は、この不思議さをもう一度確認するところから防衛論議を開始すべきであろう。

この問題に関しては、歴史的経緯を考慮しながら、考察を深めていくのが、最も有益な方法だと思われるので、ここからは、しばし歴史的経緯を確認しておこう。

自衛戦争まで否定していた吉田茂

昭和二〇年に日本が敗北したあと、旧・日本軍は解体させられた。この時点で、日本には、「国防軍」も「自衛隊」も存在しなかった。文字通りの丸腰状態が続いていた。この間、日本はマッカーサー率いる米軍によって守られている状況にあった。

憲法の制定過程については、「補遺」に詳述しているが、この丸腰の、被占領期に作られたのが日本国憲法だった。

当初、憲法九条は、どのように解釈されていたのかを確認しておこう。

この問題について考える際、最も参考になるのが、吉田茂総理の国会答弁だ。

昭和二一年六月二六日、吉田茂は、憲法と自衛権との関係について次のように答弁している。

「戦争抛棄《ほうき》に関する本案の規定は、直接には自衛権を否定はして居りませぬが、第9条第

2項に於て一切の軍備と国の交戦権を認めない結果、自衛権の発動としての戦争も、また交戦権も抛棄したものであります。従来近年の戦争は多く自衛権の名に於て戦われたのであります。満州事変然り、大東亜戦争然りであります」（一九四六年六月二六日、衆議院本会議）

ここで吉田茂は、憲法九条が直接自衛権を否定しているものではない、との留保をつけながらも、「自衛権の発動としての戦争」まで否定しているのだ。日本が攻め込まれても、これに抵抗することができないというのだ。吉田は、その根拠として、多くの戦争が「自衛権」の名の下で行なわれてきたことを挙げている。

要するに、憲法九条があるために、自国を守るための「自衛」すら不可能だというのが、一九四六年当時の吉田茂の考えだった。

では、いったい日本がどこかの国に攻められたときには、どうしたらいいのか。黙って、侵略されるままにしていればよいというのだろうか。

吉田は、侵略された際については、次のように述べている。

「平和国際団体が確立せられたる場合に、若し侵略戦争を始むる者、侵略の意思を以て日本を侵す者があれば、是は平和に対する冒犯者であります、全世界の敵であると言うべきでありります、世界の平和愛好国は相倚り相携えて此の冒犯者、此の敵を克服すべきものである

のであります」（同日、本会議）

これは、のちに詳細に検討することになる「集団安全保障」の考え方を説明したものだ。要するに、日本に攻め込んでくるような平和を乱す勢力に関しては、世界の平和愛好国が力を合わせて、これを排除すればいいという思想だ。

今日では考えられないことかもしれないが、こうした吉田茂の自衛権を否定する発言に対して、批判したのが日本共産党だ。日本共産党の野坂参三が、「侵略戦争」と「自衛戦争」を区別し、後者を擁護したうえで、次のように指摘した。

「戦争には我々の考えでは二つの種類の戦争がある、二つの性質の戦争がある、一つは正しくない不正の戦争である、（中略）他国征服、侵略の戦争である、是は正しくない、同時に侵略された国が自由を護るための戦争は、我々は正しい戦争と云って差支えないと思う（中略）一体此の憲法草案に戦争一般抛棄と云う形でなしに、我々は之を侵略戦争の抛棄、斯《こ》うするのがもっと的確ではないか」（一九四六年六月二八日、衆議院本会議）

日本共産党の野坂は、祖国を防衛する自衛のための戦争までも放棄する必要はなく、他国を武力によって侵略する「侵略戦争」のみを禁じればよいのではないか、という極めて常識的な指摘をしている。

これに対して、吉田茂は、次のように応じている。

「戦争抛棄に関する憲法草案の條項に於きまして、国家正当防衛権に依る戦争は正当なりとせらるるようであるが、私は斯《か》くの如きことを認むることが有害であると思うのであります（拍手）近年の戦争は多くは国家防衛権の名に於《おい》て行われたることは顕著なる事実であります、（中略）故に正当防衛、国家の防衛権に依《よ》る戦争を認むると云うことは、偶々戦争を誘発する有害な考えであるのみならず、若《も》し平和団体が、国際団体が樹立された場合に於きましては、正当防衛権を認むると云うことそれ自身が有害であると思うのであります、御意見の如きは有害無益の議論と私は考えます」

吉田茂は、今日の常識で考えれば、極めて常識的な野坂参三の指摘を「有害無益の議論」だと断じて、あくまで自衛戦争をも否定する。過去の侵略戦争は「自衛」の名の下で遂行されたのであるから、あくまで日本は「自衛戦争」まで含めて否定する。国家の正当防衛を認めることが「有害」であるとまで言ってのけているのだ。

いかなる戦争であれ、日本は戦争を放棄する。これが当時の吉田茂の憲法解釈にほかならなかった。

野坂は一二月の議会で次のように指摘している。

「この第九条の討論の中においてはっきりしたことは、すなわち自衛権をわが国が棄てたということである。自衛権がないわが国の民族、これの独立さえ棄てよということが、この条項の中にはいっている。われわれ共産党はこれに対して徹底的に反対した」（一九四六年一二月一七日、衆議院本会議）

確かに野坂が言うように、自衛戦争すら認めないというのであるから、吉田総理は自衛権そのものを放棄したと解釈するのが当然であろう。この自衛権の放棄に関して、共産党の国会議員が強く反対していたのだ。

現在からこうした議論を眺め返してみると、どちらが共産党で、どちらが保守勢力なのかわからないような珍しい光景だ。

国際情勢の変化にあわせて変化した吉田の憲法解釈

さて、あらためて確認しておきたいのは、一九四六年、吉田茂はあらゆる形の自衛権を否定する旨を公言していたという事実だ。

しかし、こうした吉田の「自衛」を放棄するという主張は、戦後日本の一貫した国防方針とはならなかった。

こうした国防方針を否定することになったのは国際情勢が激変したことによる。冷戦の激化にともない、日本の再軍備が必要だとアメリカが考え始めたのだ。

一九五〇年の元旦、マッカーサーが「日本国民に告げる声明」において、次のように指摘した。

「この憲法の規定は、たとえどのような理屈をならべようとも、相手側から仕掛けてきた攻撃に対する自己防衛の冒しがたい権利を全然否定したものとは絶対に解釈できない」

これは、極めて重大な指摘だ。憲法の規定について、従来、吉田茂は、自衛戦争も否定する旨の発言を繰り返してきた。だが、マッカーサーが日本国憲法には、「自己防衛の冒しがたい権利」を否定したものではないと強調したのだ。

これは、明らかに、日本の再軍備を念頭に置いたものであり、このマッカーサー発言以降、吉田茂の「自衛」論も変化を遂げることになる。

「自衛権」の問題に関して、社会党の猪俣浩三議員が、吉田茂に質問すると、吉田は次のように答弁している。

「自衛権は国に存在するのであって、自衛権の発動としての戦争、その場合はいたし方ないのでありますが、しかしながらしばしば自衛権という名において侵略戦争が起されたことがあるから、自衛権という文字を使用することについては軽々になすべからざるものであるということを申した記憶があります」(一九五一年一〇月一九日、平和条約及び日米安全保障条約特別委員会)

多くの侵略戦争が「自衛権」の名目の下で遂行されたと指摘し、自衛戦争をも否定する趣旨の発言を繰り返してきたのが吉田茂だ。だが、情勢の変化にあわせて、その発言の趣旨を大幅に変化させている。

誰がどうみても、憲法九条の解釈が変わっている。「自衛戦争もできない」「正当防衛権も持たない」と解釈していた同じ人間が、「自衛権は国に存在するのであつて、自衛権の発動としての戦争、その場合はいたし方ない」というのだから、これは憲法解釈の変更とみて間違いないだろう。

こうした吉田の恣意的な解釈改憲に対して、社会党の吉田法晴氏が参議院で噛みついた。「かくのごとく憲法の解釈が勝手に変更できるものでありましょうか。或る新聞が、『日本国員の総意によって創定された憲法に対して、時の政府が便宜的な解釈を下したり、事実の上で背反したり、結局憲法を軽視するようなことがあれば、法治国家とは言えないことになる』と申しておりますが、国民に先んじて憲法を尊重し擁護すべき総理大臣なり国務大臣が、勝手に憲法を解釈して、憲法を破壊し、立憲政治を覆えすことが許されるかどうか、総理及び木村法務総裁に承わりたいのであります」（一九五二年三月一九日、参議院本会議）

吉田茂の解釈の恣意的な変更は、憲法を軽視するものであり、「法治国家」であることを放棄し、「立憲政治」を否定するものではないかという質問だ。

確かに、これほどまでの大きな解釈の変更というものはあり得ないだろう。自衛戦争すらできない、自衛戦争を認める議論すら有害である、と言っていた本人が、まったく違う立場に変わっているのだから、解釈改憲以外のなにものでもない。これこそ、立憲主義の根底を否定するような解釈の変更だった。

この質問に対して吉田茂は次のように答弁している。

「この国会において憲法を尊重するかというお尋ねは余り馬鹿げておって、私は私自身の耳を疑うのであります。（拍手）憲法を尊重するのは当然であります。誰が尊重しないと申しますか。（中略）又、自衛権と交戦権、又戦力は、これは私が誤解を生じたから訂正をいたしたのであります」（同日、答弁）

吉田茂の答弁は、かなり苦しい答弁だといってよいだろう。憲法を尊重しないはずはないと言いながら、自分自身の解釈改憲は否定できないからだ。「誤解」を正したという形で乗り切ろうとしているのだが、明らかに無理がある。吉田茂は言い間違えたのではない。明らかに、日本の自衛戦争を否定していたのだ。自衛戦争まで否定していた人間が、「自衛」は可能だと主張するのだから、これは変節以外の何ものでもないだろう。

解釈を大幅に変更して自衛隊を保持

この自衛戦争の可否については、国会でたびたび取り上げられることになる。

一九五四年四月二九日に、社会党の佐多忠隆議員が岡崎勝男外務大臣に質問している。

「とにかく自衛権の名によって行われる戦争或いは武力行使というものは、自衛権の名においてでも我々は認められないというのが憲法の考え方ではないかと思うのですが、その点はどういうふうにお考えになりますか」（一九五四年四月九日、参議院外務委員会）

これに対する岡崎外務大臣の答弁は次の通りだ。

「それから多《マ》佐《マ》君にむしろ私は伺いたいのだが、そうすると侵略されて日本がどんどん大砲をうたれたり兵隊が上つて来たりして侵略されたときに、我我は自衛権はあるけれども自衛の武力を行使しちゃいけないから、如何なる侵略があっても黙つて皆んな長路されている、こういう御意見ですか」

座して死を待つわけにはいかないではないかというのが、岡崎大臣の答弁だ。これは、今日の我々からすれば、当たり前の答弁だが、先ほど確認したように、こういう趣旨の質問をした共産党の野坂参三に対して、吉田茂は、こうした見解を明確に否定していた。

簡単に言えば、憲法を改正することなしに、憲法解釈を変更しただけで、自衛戦争を否定していたはずの日本国憲法が、自衛戦争は可能であることになったのだ。憲政史上最大の解釈改憲というべきだろう。憲法改正がなされぬままに、日本は自衛権の行使が可能となったのだ。

これ以降、珍妙な問答が国会で継続することになる。

就任したばかりの鳩山一郎総理に対して、社会党の成田知巳議員は次のように質問している。

「この自衛隊は軍隊であるとお考えになるか、あるいは軍隊でないとお考えになるか、現に林幕僚会議議長はアメリカで、自衛隊は国際的に見れば軍隊であるということをはっきり言っておるのです。率直な鳩山さんは、吉田さんのような詭弁はお使いにならないと思いま

すが、自衛隊が軍隊であるかどうか、その点のはっきりした御答弁を承りたい」（一九五四年一二月二二日、衆議院予算委員会）

これに対して、鳩山の答弁は極めて曖昧だ。

「自衛隊と軍隊はどこが違うかと言うことをちょっと知らないのです」

確かに、「率直な鳩山さん」らしい答弁かもしれないが、これでは、憲法が「戦力」を否定しているのにもかかわらず、日本が自衛隊を持つ理屈がわからない。

さらに成田氏の追及は続く。

「自衛隊と軍隊がどこが違うか、よく知らないということは、逆から言えば自衛隊と軍隊は同じだ、こう了解してよろしゅうございますか」

鳩山の答弁は相変わらず曖昧なままだ。

「自衛隊を軍隊と言えば誤りなのか、同一と言うのがいいのか、違ったと言うのがいいのか、そこは知らないのです」

「自衛隊も自衛のためならば戦争は許される。戦争をするための自衛隊は軍隊にあらずと言うこともむずかしいようなんですね。だから軍隊とも言えるし、軍隊とも言えないというようなものが自衛隊なんでしょうね」

この段階で、鳩山自身が、「戦力」「交戦権」を否定した憲法九条を改正しないままに、自衛隊が存在しているという事実に戸惑っていることが窺えるだろう。

だからであろう、鳩山は次のように憲法改正の重要性を指摘している。

「憲法が誤解を招きやすいような文字を使ってでき上っているものですから、戦闘力なき軍隊というような答弁も出て来るし、私の言うような答弁も出て来るのです。元は憲法が明白になっていないからです。そこで私は憲法の改正は必要だと今日でも思っております」

この鳩山の答弁は、よく考えてみれば、極めて常識的な認識だといってよい。この憲法を普通に読んだだけでは、自衛隊の存在が違憲に思えてしまう。ならば、憲法を改正し、自衛隊の存在を憲法の中に位置づけようというわけだ。

だが、鳩山は憲法改正を実現することはできなかった。憲法九条を一言一句変更することなしに、「自衛隊」を「合憲」とする政府の見解を表明することになる。

率直な鳩山一郎が、非常に苦しい答弁に終始した翌日の一九五四年一二月二二日、初代防衛庁長官に就任した大村清一に対して社会党の福田篤泰議員が、再度憲法九条に関して質問する。

「まず私は大村大臣に対しまして、昨日の本委員会における憲法第九条をめぐりまして、新内閣の勉強が不足かあるいは閣内の不統一かはわかりませんが、きわめてあいまいな、でたらめな御答弁がありまして、国内におきましても大きな問題になっております。これについて統一ある、はっきりした新内閣の憲法第九条に対する釈解を承りたいと思います」（一九五四年一二月二二日、衆議院予算委員会）

これに対して、大村は、次のように明確な答弁をしている。

「第一に、憲法は自衛権を否定していない。自衛権は国が独立国である以上、その国が当然に保有する権利である。憲法はこれを否定していない。従って現行憲法のもとで、わが国が自衛権を持っていることはきわめて明白である。

二、憲法は戦争を放棄したが、自衛のための抗争は放棄していない。一、戦争と武力の威嚇、武力の行使が放棄されるのは、『国際紛争を解決する手段としては』ということである。二、他国から武力攻撃があつた場合に、武力攻撃そのものを阻止することは、自己防衛そのものであって、国際紛争を解決することとは本質が違う。従って自国に対して武力攻撃が加えられた場合に、国土を防衛する手段として武力を行使することは、憲法に違反しない。

自衛隊は現行憲法上違反ではないか。憲法九条は、独立国としてわが国が自衛権を持つことを認めている。従って自衛隊のような自衛のための任務を有し、かつその目的のため必要相当な範囲の実力部隊を設けることは、何ら憲法に違反するものではない」

文中の数字「一」「二」があって、文字で読むとわかりづらいかもしれないので、大村が示した政府見解の論理を整理しておこう。

まず、日本国憲法では「自衛権」の存在を明確に否定していない。つまり「自衛権は有さない」とは明確に書かれていない。したがって、「自衛権」の有無は解釈に委ねられている。そして、常識に照らし合わせてみれば、「自衛権」を否定するというのは、おかしなことだ。よって、日本には「自衛権」が存在している。

一方、日本は「戦争」を放棄している。自衛隊がわが国を侵略する勢力を迎撃することは、「戦争」にあたるのではないかとの懸念がある。だが、日本国憲法では「戦争」が放棄されているだけで「自衛のための抗争」は否定していない。

わが国に対して武力攻撃があった場合、そうした攻撃から国民を守るのは「国際紛争を解決する」こととは本質が異なる自己防衛である。したがって、「国際紛争を解決する手段としては」戦争と武力の行使が放棄されるが、「自衛のための抗争」のためであれば、武力を行使することが可能である。

憲法改正せずに自衛隊を創設したことから生じる矛盾

戦後の日本では、憲法を一読しても理解不能な概念、論理が次々と構築され始め、やがて日本では、安全保障に関する議論が神学論争じみた議論へと変化することになる。その第一歩を踏み出したのが、憲法九条を変更しないままに、他国から見れば「軍隊」にほかならない「自衛隊」の存在を合憲だと認めた解釈変更だった。

この後、国連憲章の第五一条を根拠に自衛隊は合憲であるとの見解が一貫してとられていくようになる。

具体的に抑えておこう。国連憲章第五一条は次の通り定められている。

「この憲章のいかなる規定も、国際連合加盟国に対して武力攻撃が発生した場合には、安全保障理事会が国際の平和及び安全の維持に必要な措置をとるまでの間、個別的又は集団的自衛の固有の権利を害するものではない。この自衛権の行使に当つて加盟国がとった措置は、直ちに安全保障理事会に報告しなければならない。また、この措置は、安全保障理事会が国際の平和及び安全の維持又は回復のために必要と認める行動をいつでもとるこの憲章に基く権能及び責任に対しては、いかなる影響も及ぼすものではない」

国連憲章では「個別的又は集団自衛」の権利を国連参加国の「固有の権利」と認めている。

このため、日本も「個別的自衛権」も「集団的自衛権」も「固有の権利」として保有していることになる。したがって、憲法九条を持ち「戦力」は放棄しているが、自衛権は保持しているという主張がなされるのだ。

法理論上、自衛隊は「戦力」には満たない「自衛力」と解釈されている。一般的に「戦力」と「自衛力」を区分する必要など存在しないが、日本では憲法九条で「戦力」の放棄を謳っているために、自衛隊を「戦力」と位置づけるわけにはいかない。そのために「戦力」には至らない「自衛力」という概念が作られたのだ。

この後、政府の答弁は、次のようになされ、現在に至っている。

「自衛権に基いて、わが国が外国から急迫不正な侵害を受ける。それを防止するというだけの必要な最小限度の力を保有しても、それは当然自衛権の内容として、これは憲法に違反するものでない」（一九五七年四月二四日、岸信介総理大臣、国会における答弁）

要するに、憲法では「戦力」の放棄を謳っているが、これは国連憲章で認められた各国の

「固有の権利」である「自衛権」を否定したものではない。したがって、「戦力」に至らない、「自衛力」を保有することは憲法違反ではない。それゆえに「戦力」に至らない「自衛力」を有する組織、自衛隊は憲法の範疇内に属する。

これが現在まで続く自衛隊が「合憲」である法理だ。

おそらく多くの人々は、こうした理屈を知らないはずだ。小学校、中学校、高校、そして多くの場合、大学ですら、自衛隊が「合憲」である理屈を教えていない。

極めて複雑な論理構成になっているし、よくよく考えてみれば、屁理屈を並べているだけのようにも思えてくる。

鳩山一郎が憲法改正の必要を説いた際の答弁をあらためて引用しておこう。

「憲法が誤解を招きやすいような文字を使ってでき上っているものですから、戦闘力なき軍隊というような答弁も出て来るし、私の言うような答弁も出て来るのです。元は憲法が明白になっていないからです。そこで私は憲法の改正は必要だと今日でも思っております」

本来であれば、わが国が必要最小限度の実力部隊を保有しようとする際に、憲法の改正が不可欠だったはずだ。この憲法を素直に読んでみたら、自衛隊の存在が「違憲」のように思われるのは当然なのだ。憲法改正を経ずに自衛隊を創設したために、憲法と現実とをすり合わせるために、さまざまな概念が創造され、日本の安全保障政策を議論することが非常に困難になってしまったのである。

冒頭でも述べたように、多くの学者、とりわけ憲法学者が、今回の安保法案に関して、「立憲主義」を破壊する暴挙だと非難の声をあげている。「憲法を守れ」と言う。だが、本来の憲法の趣旨を守るのであれば、「自衛権」すら否定していた吉田茂の答弁にまで回帰すべきなのではないか？　「立憲主義を守れ」と言う人々は、吉田茂の解釈改憲には目を閉ざし、口をつぐんでいる。この解釈改憲こそ、文字通り立憲主義を破壊するものではないか？　だが、彼らの多くは自衛隊は違憲だとは主張しない。多くの国民の支持を失うことを恐れているのだろう。彼らの守れという立憲主義は、「自衛権」まで否定していた吉田の答弁にまで戻らない限り、その場しのぎの「偽りの立憲主義」にほかならないのだ。

次章では、この「立憲主義」の問題を詳しく検討してみたい。

第3章　近代立憲主義とは何か？

「人の支配」か「法の支配」か？

昨今、「立憲主義」という言葉を耳にする機会が多い。安倍政権の進めている集団的自衛権の限定的な行使容認が、日本国憲法の根底を破壊する、すなわち、立憲主義の破壊だという文脈で使われている。

「立憲主義の破壊」といわれると、大変恐ろしい印象を与えるが、本当に、今回の安倍内閣の決断が「立憲主義の破壊」と呼ばれるべき暴挙なのかどうか、冷静に分析してみたい。

まずは、「立憲主義」という言葉の正確な意味を吟味するところから議論を始めよう。

実は「立憲主義」に関して、簡潔に説明することは、大変難しい。そもそも「立憲主義」と称する、まるで一つの「主義・主張」であるかのように思われるが、これは誰か一人の思想家の思想に基づいたイデオロギーではない。

たとえば、マルクス主義やレーニン主義であれば、マルクス、レーニンの著作を丹念に読み込んで、それらのテキストをもとに議論をすればよいが、立憲主義に関しては、代表的な「立憲主義思想家」のような存在はいない。むしろ、歴史の流れの中で徐々に形成されてきた思想であり、誰か特定の個人の主張というよりも、人類がゆっくりと時間をかけて作り上げてきた近代社会の成果と言った方が適切だろう。

立憲主義に関して、最も基本的な定義は、憲法を重視する政治ということだ。統治者であっても、法に従うべきだという伝統は、イギリスで確立される。

一三世紀のイギリスの古代ローマ法の研究者であったブラクトンは、「国王自身は何人の下にもあるべきではない。ただ、国王といえども神と法の下にある」と喝破し、個人の恣意的な「人の支配」ではなく、「法の支配」の重要性を説いた。イギリスにおいて、最重要視されたのは、「コモン・ロー」だ。中世のイギリスでは、裁判所がさまざまな慣習、伝統に基づいて、判決を下していた。こうした判例を積み重ねた上に確立される「法」がコモン・ローだ。

あらかじめ国王や貴族が定めた「法律」ではなく、判例の積み重ねによって、ゆっくりと時間をかけて「法」として認められるのが「コモン・ロー」であり、こうした「コモン・ロー」には、国王であっても従うべきだと考えられたのだ。だが、こうした主張に対して反対の声をあげる人々も存在した。

たとえば、「王権神授説」を唱えたフランスのジャン・ボーダンは『主権論』において、主権者としての国王の絶対性を重視した。

ボーダンが国王の絶対性を訴えたのは、フランス国内において、カトリックとプロテスタントが争い合うユグノー戦争によって、国土が荒廃してしまったからだった。荒廃した国土を眺め、ボーダンは強大な中央集権国家の樹立こそが、国民の平和と安泰をもたらすと考えたのだ。

ボーダンの理論に従えば、主権とは、「一国における絶対かつ永続的権力」であり、こうした権力が与えられるのが主権者である国王である。したがって、国王の権力を縛ることはできない。

だから、ボーダンは次のように指摘している。

「ときに市民法がよく、正しく、合理性を備えているときもあるだろう。しかし、いかなる形であれ、君主は、そうした法に従ってはならない」

ボーダンによれば、国王が恣意的に決定している命令こそが、法律に相応しいのだ。その理由についても、述べている。

「正義が法律の目的であるならば、法律は君主の作品であり、君主が神の似姿であるのだから、こうした理屈でいえば、君主の法律は必ず神の法を模範と仰ぐものである」

一国内において絶対的な権力である「主権」を掌握した王は、神の似姿であり、そうした国王が神の法を模範としながら、法を制定する。それが、ボーダンの基本的な法解釈だ。

『主権論』を精読してみると、君主自身が「神の法」に従うとされているなど、まったくの無制限で恣意的な権力の行使が認められているわけではないのだが、とにかく、ボーダンが描く君主は絶対的な権力を有しており、従来まで積み重ねられてきた法を重視するという「法の支配」に対する敬意がみられないことを確認しておきたい。

イギリスでボーダンと同様に王権神授説を唱えたのが、ロバート・フィルマーだ。彼は『パトリアーカ（家父長国家論）』という著作の中で、王権の絶対性を訴えた。

フィルマーは言う。

「君主の権力は神の法によっているのだから、君主の権力はそれを制限する下位の法を持たない」

フィルマーはすでに確立された「法」であるコモン・ローに対しても懐疑的だ。

「それゆえに、大部分の事例は、コモン・ローの通常の手続きに委ねられ、いや委ねられなければならないが、しかし、時折、例外的な案件が浮上することがある。君主の絶対的で無制限な権威に助力を求めることこそが、まさに理に適っているような問題が起こることがあるのだ」

フィルマーの論理に従えば、コモン・ローを含む法が法であるのは、国家の至高の権力、いわば「主権」が確立しているからであり、こうした力の根拠がないところでは、法は法たり得ないというわけだ。

フィルマーの言葉を引用しておこう。

「事実上、コモン・ローの多くの部分が、そして理論上、すべての部分が捨て去ることが可能である」

「王あるいは主権者はたとえ望んだとしても、自分の腕を縛ることはできない」

「王権神授説」を唱えたボーダンやフィルマーは、「法の支配」よりも、中央集権的国家の確立を重視した。内乱で混乱し、荒廃した国土を眺めながら、強大な力による支配こそが、平和の礎であると考えたのだろう。

だが、誰が、どのように読んでみても、ボーダンやフィルマーの論理に従えば、主権者である国王の絶対王政が圧政に変化することを理論上、防ぐことができない。狂暴な圧政を敷いたところで、それは主権者の自由とされてしまうであろう。

国家の秩序を守るという点では、絶対王政、王権神授説にも説得力があるが、その共同体の内部に住む一人一人の国民の権利を守るという点においては、論理的にあまりに脆弱と言わざるを得ない。

やはり、恣意的な権力の行使を防ぐという意味において、統治者をも束縛する「法の支配」は重要な思想であったといえよう。

この中世以来の「法の支配」だが、近代では大きな一つの特徴が加えられることになる。それは、あとで詳しく解説するが、リベラルな意味合いが強くなるのが近代の立憲主義だ。

この思想的な転換に大きな役割を果たしたのが、トマス・ホッブズだ。彼が『リヴァイアサン』で明らかにした「社会契約説」が大きな意味を持つことになる。ある意味で、ホッブズこそが、近代リベラリズムの父だと言っても過言ではない。
重要なことなので、次に詳しく解説する。

人はなぜ国家を建設するのか―ホッブズの「社会契約説」

ホッブズは、人間がなぜ国家を建設するのか、その根拠について考えた思想家だ。彼はある虚構の状態を想定した。

国家が存在しない状態だ。いや、厳密には国家だけではない。ありとあらゆる共同体が存在しない状態を想定したのだ。

政治的共同体である国家、宗教的共同体である教会、そして家族。とにかく、ありとあらゆる共同体がまったく存在しない状態を仮定してみた。この状態を「自然状態」と呼ぶ。

「自然状態」において、人間は最高度の自由が与えられている。何をしようとも、誰にも制限されることがないからだ。

法律がない。だから、何をしても咎められることもない。宗教的戒律も慣習による道徳もない。自らの欲望の赴くままに行動しようとも、誰にも非難されることもない。

まるで夢のような状態、と思われるかもしれないが、そう簡単にいくわけではないのは、少し考えてみれば明らかだろう。

自分自身が何でもできるということは、その自然状態の中に住む人全員が、好き勝手なことができる状態に置かれているということだ。

他人の物を盗もうが、殺してしまおうが、誰もその人を咎めることができない。弱かった、隙を見せたお前が悪いということになってしまうのだ。

あまりに理不尽だと思っても、どこにも訴えることはできない。こうした「自然状態」の混乱をホッブズは、「万人の万人に対する闘争」と名づけた。考えてみれば当然のことだが、この自然状態はあまりに悲惨だ。ホッブズは自然状態を次のように描いている。

「そのような状態（引用者注：「自然状態」のこと）においては、勤労のための余地はない。なぜなら、勤労の果実が確実ではないからであって、したがって土地の耕作はない。航海も、海路で輸入されうる諸財貨の使用もなく、便利な建築もなく、移動の道具およびおおくの力を必要とするものを動かす道具もなく、地表についての知識もなく、時間の計算もなく、学芸もなく文字もなく社会もなく、そしてもっともわるいことに、継続的な恐怖と暴力による死の危険があり、それで人間の生活は、孤独でまずしく、つらく残忍でみじかい」

（ホッブズ『リヴァイアサン』第一巻二一一頁）

考えてみれば当然のことばかりが指摘されている。

せっかく作っても誰に奪われてしまうのかわからないのだから、農作物を生産するのは無駄だし、商売ができないのだから貿易などする人はいない。高度な知識など習得している間に殺されてしまうかもしれない。

自然状態は「継続的な恐怖と暴力による死の危険があり、それで人間の生活は、孤独でまずしく、つらく残忍でみじかい」ものにならざるを得ない。

人々は、この陰惨な「自然状態」からの脱却を望む。いったいこの「自然状態」を作りだした原因は、どこにあるのか？　誰もが、そう思うだろう。

すべての人に与えられている完全かつ最大限の「自由」こそが、「万人の万人に対する闘争」の原因だ。「人を殺す自由」「他人の物を盗む自由」等々、こうした極端な自由こそが、人々の闘争の原因となるのだ。

ホッブズはこうしたすべての極端な自由を遂行する権利を「自然権」と名づけた。すなわち、「自然状態」において、あらゆる人間は「自然権」を与えられており、何も妨げられることなく、そうした極端な自由を遂行する権利を有している。

この「自然権」こそが、混乱の原因である以上、この「自然権」を制約しなければならない。そこで、この自然状態に住む人々が、いっせいに、「自然権」を放棄する。すべてを遂行する自由を捨てる。

だが、このとき差し当たり、二点が重要になってくる。

一点目は、いったい権利をどこまで捨ててしまうのか、という問題だ。「道端で勝手に他人を殺す権利」のような物騒な権利を放棄するのは構わないが、「自分が生きていく権利」まで捨ててしまっては、意味がなくなる。

そこでホッブズが考えたのが、「あなたに対してなされるのを欲しないことを、他人に対してしてはならない」という命題だ。これに従って、自分が持つべき権利、捨て去るべき権利を決定しようというのだ。

もう一点、確認しておかねばならないのは、放棄した自然権を行使する人間がいた場合の対策だ。

あらゆる人間が「自然権」の中に含まれている「道端で勝手に人を殺す権利」を放棄しても、現実に他人を殺すことは可能である。物理的に他人を殺傷する能力を奪うことは不可能だから、どうしても一部の人間が、放棄したはずの「自然権」を無断で行使する可能性について検討しておかねばならない。

仮に放棄した「自然権」を無断で行使して、何も罰せられないのであれば、それは「自然権」を放棄した人間のみが一方的に損害をこうむるのであって、「自然権」を放棄した人間が愚かであったということになってしまう。

そうならないためには、こうした放棄したはずの「自然権」を行使した人間に対して処罰が下されなければならない。しかも、それは放棄したはずの「自然権」を行使して得られる利益よりも、より大きな損害を与える、重たい処罰がなされなければならない。

この点において、ホッブズは極めてリアリズムに立った思想家だった。

ホッブズは次のように指摘している。

「諸信約は、剣をともなわなければ、語にすぎないし、人の安全を保障する強さをまったくもたない」（ホッブズ前掲書、第二巻二八頁）

約束しても、処罰する機関がなければ、それは約束として成立しないというのだ。

こうして、人々は自然状態から脱して、放棄した「自然権」を行使する不心得者に対しても重たい処罰を与える安定した状態に入ることができる。

これがホッブズの「社会契約説」だ。

人々が、すべての自由を遂行する「自然権」を放棄し、社会に入るための「契約」を結び、政府が契約の違反者には厳しく罰する。これが、社会契約説の基本である。

そうすると、この社会契約説に立った社会の基本的な理念というものは、どのような理念になるだろうか。

美しい国だろうか？

麗《うるわ》しい国だろうか？

そうではない。極めて消極的な意味合いしか持たない国家ができるはずなのだ。

ホッブズの描き出す国家とは、何かの理念を実現するための国家ではない。皆で理想を追求しあう国家でもない。

人々が暴力的な死への恐怖から逃れるために、作り上げた国家であり、その目的は、一人一人が無慈悲に殺されないというところにある。

ナチズムと共産主義

無慈悲に隣人によって殺されぬための国家、これがホッブズの描き出す国家にほかならない。実は、この国家目的の消極性にこそ、近代立憲主義のもう一つの本質が表されている。我々は理念や大義といったものを好む。確かに個人における理念や大義といったものは、人生に生きる価値を与えるものだといってよい。しかし、この生きる価値、生甲斐を与える理念や大義といったものは、各人によって異なるものであり、国家共通の理念や大義を見いだすことは、なかなか難しい。

いや、難しい、というのは的確ではない。より正確に言えば、危険である。なぜなら、各人が共通の理念なり大義を有することは、ほとんど不可能である以上、誰かがそれを強制することになるからだ。

国家がその内部の国民共通の理念や大義を掲げて、その実現に邁進する。それは、ある種、理想のように感じるかもしれないが、歴史は、こうした理念や大義こそが人類に殺戮をもたらしたことを示している。

最もよく知られた例は、ナチズムと共産主義だ。水と油の関係にあるイデオロギーだが、その「理念」の追求の仕方は似通っている。

ナチズムは、「ユダヤ人のいない社会」を理想として掲げた。狂気じみた人種主義だ。よく、日本人がナチズムを軍国主義と混同しているが、それは大きな誤りだ。確かに、ナチス政権下では、軍隊が大きな力を持っていたが、それは最大の特徴ではない。彼らは、特異な世界観を抱き、それを国民に強要し、理念の実現に向けて邁進したのだ。

ヒトラーは『わが闘争』の中で次のように指摘している。

「（ユダヤ人は）他の民族の体内に住む寄生虫に過ぎない。（中略）かれらの自己増殖は、すべての寄生虫に典型的な現象であり、かれらはつねに自己の人種のために新しい母体を探している」（ヒトラー『わが闘争』上巻、角川文庫、四三三～四三四頁）

「かれらは典型的な寄生虫であり続ける。つまり悪性なバチルスと同じように、好ましい母体が引き寄せられさえすればますます広がっていく寄生動物なのである。そしてかれの生存の影響もまた寄生動物のそれと似ている。かれらが現われるところでは、遅かれ早かれ母体民族は死滅するのだ」（ヒトラー前掲書、四三四頁）

多くの人は、こうした表現に関して、ユダヤ人を攻撃するためのレトリックだと捉えるだろう。

しかし、それは誤解だ。ヒトラーは、本気でユダヤ人を寄生虫のような存在だと考えていた。ユダヤ人が存在する限り、ドイツ民族は消滅させせられるかもしれないと恐怖していたのだ。

狂気の世界観だし、誇大妄想と言ってもよい。

だが、こうした世界観からヒトラーは、一つの理念を持つようになる。

全ユダヤ人をヨーロッパから追放する。

当初、ナチスは、すべてのユダヤ人を殺戮しようとは考えていなかった。彼らは、全ユダヤ人をヨーロッパから追放しようとしたのだ。だから、当初、ナチスはイスラエル建国を目指すシオニストたちと提携関係にあった。

だが、すべてのユダヤ人を追放することが不可能だと悟ったとき、彼らは、全ユダヤ人を消滅させようと試みたのだ。ユダヤ人という一民族を地上から抹殺する。

それがヒトラーの理想だった。

彼はユダヤ人というドイツに寄生する民族を絶滅させ、美しく、強く、健康的なドイツ帝国を築き上げようとしたのだ。

ナチズムが、美にこだわったことは広く知られているが、これもまた、彼らの理念と大きく関与しているのだ。

ドイツ第三帝国という理想国家を実現したいという理念こそがヒトラーの原動力であり、そうした理念を妨害する「敵」としてユダヤ人が虐殺されていったのだ。

こうした理想を国民に強要し、多くのドイツ人たちがユダヤ人虐殺に加担した。これがナチス・ドイツの悲劇だった。

共産主義の場合も、このナチスの事例に酷似している。

共産主義者は、資本家の存在しない「共産主義社会」の実現を目指す。ナチズムがユダヤ人を敵視し、彼らがユダヤ人であるという理由だけで殺戮したのと同様に、共産主義者は、資本家が資本家であるという理由だけで殺戮した。

実際に共産主義者の言葉を引用した方が、わかりやすいので、いくつか引用しよう。

革命家のレーニンは次のような指令を配下に送っている。

「クラークは最も野蛮で、最も粗暴で、そして最も残忍な搾取者である。これらの搾取者は、民衆が欠乏に苦しむさなかに裕福になった。(中略) 人を陥れるこの蜘蛛のような奴らは、戦争によって貧困化した農民や、腹を空かせた労働者を犠牲にして肥えてきた。(中略) この吸血鬼のような奴らは貧しい農民を何度も隷従させながら、地主の土地をみずからの掌中に収めてきたし、今もそうしつづけている。こんなクラークに対して容赦のない戦争を! 彼らを死に至らしめるのだ」

レーニンが罵倒している「クラーク」とは、ロシアにおける富農のことを指している。彼らが何か特別な罪を犯したので糾弾されているわけではない。クラークがクラークであること自体が、犯罪だというのだ。

「最も野蛮で、最も粗暴で、そして最も残忍な搾取者」「蜘蛛のような奴ら」「吸血鬼のような奴ら」。とにかくクラークがクラークであるというだけで悪魔化されていることがわかるだろう。

一九一八年にある最高幹部の一人が秘密警察に出した命令にも、「資本家」という階級そのものの殺戮が明らかにされている。

「われわれは個々人に戦いを挑んでいるのではない。階級としてのブルジョワジーを破壊しつつあるのだ。調査をつうじてわれわれは、被告がソヴィエト権力に言辞行動で反対した証拠を探すまでもない。投げかけられるべき第一の質問は、被告がどの階級に属しているか、である。被告の出自は？　被告の教育と職業は？　被告の運命を左右するのはこれらの質問にたいする答えである。そこに赤色テロの意義と本質がある」（ヴィクトル・ザスラフスキー『カチンの森』みすず書房、五九頁）

共産主義者の本音が赤裸々に語られているといってよいだろう。彼らは資本家が何か特定の罪を犯したとか、共産主義革命に反対したり、敵対的な行動をとったとか、そうしたことの責任を追及されたのではない。資本家であるという一点だけで、殺戮されたのだ。

近代立憲主義で守るべき「自由」とは何か？

ある理念を実現するためには、「敵」を抹殺しなければならない。古代から、政治的な正義を追求する人々が最も残酷な迫害者となるという逆説が、政治の一面の真実である（この問題に関しては、拙著『逆説の政治哲学―正義が人を殺すとき』ベスト新書を参照していただきたい）。

こうした「正義」を追求する国家が、全体主義国家と化し、人々を過酷な状況に追いやることを「自由」の観点から考察したのがバーリンだ。バーリンの「自由」論こそ、近代立憲主義で守るべき「自由」が表明されているといってよい。

一九五八年一〇月三一日にオックスフォード大学で「二つの自由概念」という演題でなされた講演だが、今なおその輝きは衰えない。

バーリンは自由には二種類の自由があるという。

まず、我々はここで大きく驚かされる。二種類の自由とは何か、と。この驚きは大切だ。バーリンの説く一つ目の自由は、我々にすぐに理解できる自由だが、もう一つの自由は、なかなか理解しがたい自由だからだ。

まずは、わかりやすい、一つ目の自由について説明しよう。これは、我々が「自由」と聞いたときに思い起こす自由そのものだ。

「自由とは何か?」。そう問われたとき、何と答えるだろうか。

「自分の思い通りにすること」

「誰にも邪魔をされないこと」

「好き勝手にすること」

いろいろな表現はあるが、我々が「自由」と聞いて思うのは、このような状況ではないだろうか。

もちろん、そうした自由が良いとか、悪いとかいうのは、別問題だ。先にホッブズの自然状態の例をあげたように、完全に自由な状態では、人々は混乱と恐怖に陥ることは明らかだから、この種類の自由にはある程度制限をかけなくてはならないのは当然だ。だが、ここで確認しておきたいのは、制限の有無や制限の程度ではなく、「自由」という状態を表現することだ。

こうした我々が想像する自由をバーリンは「消極的自由」と名づけ、その状況を次のように説明している。

「この意味において自由であるとは、他人によって干渉されないということだ。干渉を受けない範囲が広くなるにつれて、わたくしの自由も拡大されるのである」(アイザイア・バーリン「二つの自由概念」『自由論』三〇六頁)

ここまでは誰もが理解のできる自由概念だ。

だが、もう一つの「積極的自由」という概念は、我々が想像しているような自由とはかけ離れた概念なので、できるだけ丁寧に説明しておきたい。

バーリンの「消極的自由」と「積極的自由」

バーリンは「積極的自由」について次のように説明している。

「ひとが自分自身の主人であることに存する自由」(バーリン前掲書、三二〇頁)

この説明だけでは、先ほどの「消極的自由」と同じことを述べているかのように思われる。自分が好きなことを好きなように自分で行なうことが「消極的自由」だから、彼我の差はないように思われる。

だが、重要なのは、「自分自身が自分の主人である」という部分だ。

「自分」とは、常に一つではないはずだ。抽象的に書くとわかりにくいから、具体的に考えてみよう。

たとえば、あなたが大学生だったと仮定しよう。あなたは試験を翌日に控えている。試験は難しいことが予想されており、たぶん多くの友人たちは必死に試験勉強をしているはずだ。しかし、あなたは今日の今日までほとんど試験勉強をしてこなかった。いま試験勉強をしておかないと、単位を落とすことになるかもしれない。

そんなときに、高校時代の友人から電話がかかってきた。

「いま近くに来ているから、一杯飲みに行かない？　綺麗な女の子も大勢集まっているよ。ぜひ君に会いたいと言ってるから、紹介するよ」

あなたは悩むだろう。

どう考えてみても、試験勉強をしなければまずいことはわかっている。単位を落としてしまえば、留年することになるかもしれない。

ただし、友人の誘いも魅力的だ。ずいぶん長く会っていなかったから、話すこともいろいろあるし、綺麗な女性が大勢集まっているというのも興味がある。さて、あなたはどちらを選択するだろうか?

友人の提案を拒否して、家で試験勉強を続けるのか。

友人の提案を受け入れて、友人と楽しいひと時を過ごすのか。

どちらも自分がしたいことだ。

ここで友人の提案を受け入れた場合を仮定してみよう。

当日、久々に友人に会い、綺麗な女の子に囲まれて、はしゃぎにはしゃいだ。これだけはしゃいだのは久しぶりだ。お酒も相当飲んでしまった。試験勉強は朝起きてからやれば間に合うだろう……そう思って、眠りについたが、早起きなどできるはずもなく、試験時間のぎりぎりに教室に着いた。教室では多くの学生が、最後の瞬間まで試験対策をしている。

当然、試験は通るはずもなく、あなたは単位を落とし、留年が決定した。このとき、あなたは何を思うだろうか?

なぜあのとき誘惑に負けてしまったのだろう。

自分の中でやるべきことが選べないなんて情けない。

なんて意志の弱い人間なんだ。

試験に限らず、こうした後悔は、誰もが経験したことがあるだろう。

自分の中で、為すべきことを知りながらも、誘惑に負けてしまったことへの反省。いったい、この反省と「自由」にどのような関係があるのか。ここが重要だ。

「積極的自由」では、自分自身が主人となることが大切だと考える。この際の自分が一つではあり得ないことは先に述べた通りだ。そうすると、この「主人」となるべき「自分自身」は、より高尚で善き自分でありたいと願うはずだ。

すなわち、理性と欲望との二つの選択肢があったときに、できるだけ理性によって、欲望をコントロールできるような自分でありたいと願うはずなのだ。

情念に引きずられるのではなく、理性によって、自分自身を正しく生きたいと願うはずなのだ。

この理性による情念の支配、という発想が「積極的自由」の核心だ。

つまり、情念のままに好き勝手に生きることは、「消極的自由」を満たしているかもしれないが、「積極的自由」は満たしていない。より高い自己へと向かって、理性が情念を支配した状況を「自由」と捉えるのが、「積極的自由」なのだ。

あなたが、ダイエットを考えているとしよう。ダイエットの基本は、間食をしないことだ。とりわけ夜食がダイエットの敵だ。あなたの頭は、そう理解している。

ある夜、寝る前に急にお腹が空いた。冷蔵庫の中には、友人にもらったショート・ケーキが入っている。

食べたい。だが、食べれば太るだろう。

この際、食欲のおもむくままに、ケーキをむさぼる行為は「消極的自由」の範疇ではあるが、「積極的自由」の範疇には入らない。逆に、食欲を抑圧して、静かに眠りにつくことこそが、「積極的自由」なのだ。

ケーキを食べたいという欲望を持ちながら、そうした欲望を理性で支配した。これこそが「自由」だと考えるのが、「積極的自由」の思想なのだ。

「積極的自由」の思想が全体主義をもたらす

ここまで説明してくると、「積極的自由」の方が高尚な自由で、「消極的自由」は低俗な自由だと思われるかもしれない。

確かに、この自由概念が個人の行動の範囲で解釈されている段階では、そう判断しても構わないだろう。

だが、問題となるのは、ここからだ。

「積極的自由」は、より高次な自己を目指して、自らの欲望を抑圧することを是とする。この「高次な自己」は、本当に自分一人だけで実現できるものなのだろうか。もしかして、社会全体を高次な社会に変化させてこそ、自己自身も高みへと登ることができるのではないだろうか。

低俗な社会を変革し、高尚な社会を実現してこそ、自分自身も、より高尚な自己へと変化を遂げることが可能だという信条は、多くの革命家が抱く信条である。

ロシア革命で大きな役割を果たしてトロツキーは次のように指摘している。

「もっと正確にいえば、文化建設、および、共産主義的人間の自己教育というプロセスが、将来自ら身にまとうようになる外被なるものは、今日の芸術の生命ある諸要素を最大限に発展させることになる、ということである。人間ははるかに強靭、賢明、繊細になる。肉体はもっと調和がとれ、動作はもっと律動的に、声はもっと音楽的になる。人間の平均的タイプがアリストテレス、ゲーテ、マルクスの水準にまで高まる。この山脈の上に新たな高峰が聳え立つのだ」（トロツキー『トロツキー選集第一一巻一 文学と革命Ⅰ』現代思潮社、一二三六頁）

トロツキーが述べているのは、共産主義者の信念そのものだと言ってよいだろう。低次な資本主義社会を破壊して、共産主義社会が実現すれば、人間はより高尚な存在になることができるという確信だ。人間は、現在の人間に比べて「はるかに強靭、賢明、繊細になる」。そして、人間の平均的タイプがアリストテレス、ゲーテ、マルクスの水準にまでなるという。

トロツキーは冗談で述べているのではない。誰かを欺こうとして述べているのでもない。共産主義社会が到来すれば、人類は、向上して、より善く生きることができると確信しているのだ。

だが、現実には、こうならなかった。

現存する共産主義国家、北朝鮮の平均的な国民がアリストテレス、ゲーテ、マルクスの水準にまで到達しているとは、誰も信じることができないだろう。

社会全体を変革し、よりよい社会を実現し、よりよい人間に作り替えようという「積極的自由」の理念は、夥しい数の犠牲者をもたらしただけだった。

まさしく彼らの正義、「積極的自由」こそが、人を死に至らしめたのだ。
バーリンは、「積極的自由」の思想が、全体主義を生み出す構図について、鮮やかに説明している。

社会全体を変革させるためには、社会が目指すべき「目的」が必要である。この「目的」を発見できるのは、ごく限られた知性の持ち主だけだ。

大多数の人間は、本来、どのように生きるべきなのか、社会はどこに向かうべきなのかを認識できない。だから、間違った方向に向かって生きているし、社会を正しい方向に向かわせることもできない。すべてを知るのは、限られた賢者だけなのだ。

バーリンは指摘する。

「賢者はあなた自身よりもよりよくあなたのことを知っている、なにしろ、あなたは情念のとりこ―他律的な生活をし、愚鈍で、自分の真の目標を理解することのできない奴隷なのだから。あなたは人間でありたいと望んでいる。あなたの欲望をみたすこと、それが国家の目的である。『強制は、将来の見識を与えるための教育により正当化される。』わが内なる理性は、もしそれが勝利をかちとるべきものであるならば、わたくしを一個の奴隷と化すところの『低級』な本能、情念、欲望などをとり除き、抑圧しなければならぬ」（バーリン前掲

書、三五一頁）

愚かで、情念に衝き動かされるだけの大衆は、自分たちで人生の真の目標、社会の真の目標を認識できない。だからこそ、賢者が定めた目標を目指し、賢者の指示に従い続けるしかないのだ。

ときに、賢者の指示が、抑圧的で、残酷に思われるかもしれない。だが、それは、大衆が自分の真の目的を認識できないがゆえに、そう感じているだけなのだ。なぜなら、賢者は、大衆以上に、あなたの進むべき道を知っているのだから。

この論理は、全体主義国家における独裁者、独裁政党の論理にほかならない。命令に従順であること自体が尊ばれ、やがて人々が何も考えないことが尊重されるようになる。

バーリンは、この「積極的自由」の危険に対して、警鐘を乱打した思想家だった。彼は自由を否定したのではない。彼は「消極的自由」を擁護し、「積極的自由」を批判したのだ。近代立憲主義の核心は、この「積極的自由」の排除と「消極的自由」の擁護にあると言ってよいだろう。

近代立憲主義の二つの特徴

ホッブズの社会契約論で設立される国家は、消極的な意味合いしか持たないことはすでに述べた。ホッブズの社会契約論では、人々は自然状態における「暴力的な死への恐怖」から逃れたくて、国家を設立する。より高い自己自身を目指して国家を設立するのではない。社会全体が進むべき目標を一つに決定しようとすれば、それは深刻な価値観の対立を生み出すだろうし、歴史を振り返れば、そうした価値観の衝突から夥しい生命が失われていったことは明らかだ。

だから、社会全体がどうあるべきか、そうした理念を一つに定めるのではなく、憲法では、各人がそれぞれの理念の追求が可能になるような最低限の条件を保障する。

たとえば、信教の自由、政教分離について考えてみよう。

国家の内部において、各人がいかなる宗教を信じようとも自由だ。キリスト教、仏教、イスラム教、あるいはそれ以外の宗教や、他人からみたらちょっと怪しく思われるような新興宗教。どの宗教を信じる自由が国民に等しく与えられる。どの宗教を熱烈に信仰していても、それは各人の自由だ。

だが、ある力を持った政治家が、宗教的情念から、他の宗教を排撃し、国家が信ずるべき宗教を定めようとしたり、他の宗教の信仰者が不利益をこうむるような法律を定めることは厳しく禁止される。そして、国家が特定の宗教の利益を擁護したり、特定の宗教を弾圧するかのような政策を遂行することも許されない。

こうした基本的な原則が憲法に記され、そうした憲法を政府は遵守しなければならない。これが近代における立憲主義だ。

憲法が時の政権を束縛し、個人の自由を保障する。国家が、国民一人一人の生き方に積極的に関与し、指導するのではなく、国民一人一人の自由の行使が可能になるような条件を整えるのだ。

各人がどのような生き方を選ぼうとそれは否定されるべきではない。もちろん親が子供の人生のあり方について指導することはあるだろうが、生き方が公権力によって強制されるようなことがあってはならない。それが近代立憲主義の要の部分だ。

人間の価値はすべて金銭で決定する。

人間の価値はすべて学歴で決定する。

人間の価値はすべて容姿の美醜で決定する。
人間の価値は特定の宗教を信仰することによって決定する。
人間の価値などない。生きることは空しいことだ。

さまざまな価値観があるだろう。他人からみたら、馬鹿馬鹿しい価値観、極端な価値観を重んずる人もあるだろう。だが、公権力はどの価値観が正しく、どの価値観が間違っているかを定めることはしない。ましてや、特定の価値観を国家全体の理想的価値観（いわば「積極的自由」）と定めて、その理想的価値観の実現に向けて走り出すようなことはしてはならない。

国家はあくまで消極的な存在でなければならない。これがリベラルな立憲主義的な国家のあり方だ。この考え方は、安全保障の問題にも適応される。

たとえば、非武装中立という思想は、国民一人一人の消極的自由を守り、国家全体が積極的自由を追求することを防ぐ近代立憲主義的な価値観と言えるだろうか？

非武装中立の根拠とは何だろう。おそらく、それは、日本に敵が攻めてくるということはあり得ないという想定だろう。

たとえば、社民党の福島瑞穂氏は次のように私見を述べている。

「9条で『世界を侵略しない』と表明している国を攻撃する国があるとは思えない。攻撃する国があれば世界中から非難される」（『産経新聞』二〇一二年八月三一日）
もちろん、日本では思想信条の自由が認められているので、このように考えること自体が否定されるべきではない。だが、現実に竹島が不法に占拠され、北方領土もロシアに奪われた状態が続いている。そして、近年では尖閣諸島周辺に暗雲が漂っている。
こうした状況下で、日本を攻めてくる国が皆無であるという想定は、相当特殊な想定だし、独自見解と言わねばならないだろう。
憲法九条を掲げている日本を攻める国は世界中から非難されるというが、本当だろうか？
ドイツの法学者カール・シュミットは面白い指摘をしている。
「軍備を持たぬ国民は友のみを持つと信ずるのは愚かであろうし、多分無抵抗によって敵の心が動かされうると信ずるのは自己欺瞞的な予測であるだろう」（カール・シュミット「政治的なものの概念」『カール・シュミット著作集Ⅰ』慈学社、二七七頁）
福島氏は憲法九条を掲げ、世界に向けて平和国家であることを表明すれば、どこの国も日本を攻撃してこないし、攻撃するような国家があれば、世界がそうした侵略主義的な国家を許さないという。

これに対して、カール・シュミットは、こうした発想を「自己欺瞞的な予測」にすぎないと指摘している。

福島氏の主張とシュミットの考え方は明らかに見解が対立している。安全保障の問題に関して、世界の中で眺めても「非武装中立」という思想は、かなり極端な思想だと言ってよい。

では、実際に、日本が攻め込まれたときに、非武装中立の立場をとる人々は、どのような手段で抵抗するのだろうか？

一つ想定されるのは、人を殺すぐらいならば、殺された方がましであるという思想信条に従って、殺されるという選択肢だ。

本当にそんなことを主張する人が存在するのか、と思われるかもしれないが、実際に、無抵抗で殺されればよいと主張する人も存在している。

経済学者の森永卓郎氏は次のように説いている。

「私は日本丸腰戦略というのを提唱しています。軍事力をすべて破棄して、非暴力主義を貫くんです。仮に日本が中国に侵略されて国がなくなっても、後世の教科書に『昔、日本という心の美しい民族がいました』と書かれればそれはそれでいいんじゃないかと」（『東京ス

ポーツ』二〇一一年一月一日）

これも個人の思想信条としては自由だが、多くの人はこうした意見に賛同しかねるだろう。

攻められないようにある程度の防衛力は必要だし、仮に攻められたのならば、自衛隊、そして日米安保条約に従って、米軍が日本を守って欲しい、そう思っている日本国民が大多数だろう。

仮に森永氏が、自宅に侵入してきた凶悪な強盗に対して、まったく無抵抗で、警察も呼ばずに、殺されたとしても、それは個人の自由だ。抵抗をして相手を傷つけるくらいならば、自分が傷つけられ、殺されても、仕方ないという彼の考えを否定することはできない。

だが、森永氏のような極端な人生観に基づいた安全保障政策を国家が採用することになれば、それは、話が違ってくる。一般的な国家と同様に外敵の侵入から、時には武力を行使してでも守ってもらいたいと思う多くの人々の価値観を否定し、自らの善き生き方――敵が攻めてきても抵抗もせずに殺されていくほうが善い生き方だ――を、国民に強要することになるだろう。侵略者に対して、無抵抗を貫くという思想は、一般的な生き方とはいえない。そうした特殊な人生観を根底に置いた安全保障政策は、近代立憲主義の立場に反するといってよいだろう。

近代立憲主義について、いろいろと解説してきたが、二つの点が重要である。

一つ目は、憲法が国家権力を縛るものであるという思想だ。どんなに民主主義的に選出された人気のある指導者であっても、憲法が定めた内容を無視して、政治を行なってはならない。

二つ目は、憲法が禁ずる内容そのものだ。国民の生き方を善導したり、教導するのは、国家の仕事ではない。そうした「生き方」そのものは、国民の自由に委ねられている。

一つ目の特徴を「法の支配」とすれば、二つ目の特徴は「（消極的）リベラリズム」と名づけてよいだろう。

この二つの特徴を備えたのが、近代における立憲主義だ。

それでは、この立憲主義を理解したうえで、安倍内閣の集団的自衛権の限定的な行使容認が「立憲主義の破壊」に相当するのかどうかを次章で詳しく検討してみよう。

第4章　偽りの立憲主義

「個別的自衛権」と「集団的自衛権」

集団的自衛権の行使容認が立憲主義に関わるものであるか、否かを検討する前に、集団的自衛権の説明から始めよう。

テレビや新聞では、国民に対してアンケートを行なっている。

「集団的自衛権の行使容認について、賛成ですか、反対ですか？」

だが残念ながら、多くの国民は「集団的自衛権」とは何を意味しているのかについてほとんど理解していない。

国家の行く末を左右する重要な問題でありながら、ほとんどの国民がその意味を知らないというのは異常な事態ともいえる。だが、このような異常な事態を招いたのは、国民の責任ではない。

わが国では、国民はほとんど安全保障に関する知識を持っていないが、その原因は教育にある。小学校、中学校、高校、大学と、例外的なケースを除いて、多くの場合、「集団的自衛権」とは何かを教わってこなかったはずである。

したがって、現在、日本国民は、教えられてこなかったはずの「集団的自衛権」の行使に賛成か、反対かを問われているのだ。

安全保障の基本的な事柄を確認しておこう。防衛のためには三つの防衛の仕方がある。

一、個別的自衛権
二、集団的自衛権
三、集団安全保障

「集団的自衛権」と「集団安全保障」は、非常によく似た言葉だが、中身はまったく異なるので注意が必要だ。

一つずつなるべく丁寧に説明していこう。

「個別的自衛権」とは、自国が攻撃された際に反撃する権利だ。

どこの国でも構わないが、どこかの国が日本に攻め込んできたとしよう。この際に、自衛隊が出動して、侵攻してくる敵を迎え撃つ。これを「個別的自衛権の行使」という。攻め込まれた際に、無抵抗でいましょうと考える人は少数派だろうから、多くの人が納得する安全保障のあり方だろう。

二番目の「集団的自衛権」の基本的な行使のされ方は、次のような場合だ。

二つの国が同盟関係にある。たとえば日本とアメリカだ。日本に向けて、どこかの国が攻め込んできたとしよう。日本がこれを迎え撃つのは「個別的自衛権」の行使だ。この時、同盟関係にあるアメリカは攻め込まれていない。あくまで侵略国は日本だけを狙っている。

しかし、同盟関係にある国家が攻め込まれた際に、これを自国への攻撃と見なし、同盟国を応援する。要するに、日本が攻撃された際に、アメリカは自国が直接攻撃されていないにもかかわらず、日本を応援するために、侵略国を迎え撃つ。これが、集団的自衛権の中心的な概念だ。

「個別的自衛権」も「集団的自衛権」も国連憲章に定められた各国の「固有の権利」であ

る。日本では「集団的自衛権」の行使をめぐって、蜂の巣をつついたような大騒動が起こったが、世界中の各国は、当然のように「集団的自衛権」を保有し、各国の国益の追求に必要と判断すれば、「集団的自衛権」を行使する。

国連憲章第五一条には次のような言葉が見られる。

「この憲章のいかなる規定も、国際連合加盟国に対して武力攻撃が発生した場合には、安全保障理事会が国際の平和及び安全の維持に必要な措置をとるまでの間、個別的又は集団的自衛の固有の権利を害するものではない」

国連の理念としての「集団安全保障」

それでは、この「集団的自衛権」とよく似た「集団安全保障」とは何か?

これは「集団的自衛権」とはまったく異なる概念であり、国連の理念的な安全保障政策だ。

いま世界は平和で安定した一つの秩序を保っているとしよう。歴史的な経緯などもあり、国境のひき方に不満を持っている国家もあるが、それでも一つの秩序を保っている世界を想像して欲しい。

ある時、この世界的な秩序を力づくで変更しようと試みる国家が出現した。

どうするか？

攻められた国家が応戦する。それが「個別的自衛権」の行使だ。同盟国が攻められた国に支援をする。それが「集団的自衛権」の行使だ。

「集団安全保障」は、そのどちらにも該当しない。

世界中の国家が、力づくで秩序を変更しようとした国家に対して、制裁を加えるという仕組みこそが「集団安全保障」だ。同盟関係の有無とは無関係に、現行秩序を力で変更することは絶対に認めない、というのが「集団安全保障」の基本的な考え方だ。

だから、国連憲章第二条第四項では、次のように定められている。

「すべての加盟国は、その国際関係において、武力による威嚇又は武力の行使を、いかなる国の領土保全又は政治的独立に対するものも、また、国際連合の目的と両立しない他のいかなる方法によるものも慎まなければならない」

いかにも法律的な回りくどい表現になっているが、趣旨は明確だ。いかなる政治的な問題が起ころうとも、武力による威嚇や行使によって、要するに戦争によって、その解決を図ってはならない、とするものだ。

当たり前の話のように思われるかもしれないが、そうではない。人類の歴史を振り返れば、悲しいことではあるが、長きにわたって「戦争」は国際法的に認められたカード、手段の一つであった。この野蛮で残酷な戦争という手段を違法化し、禁止した点に、国際連合の特徴があるといってよいし、それは、高く評価されるべきことだろう。

だが、「戦争」を違法化するといっても、「違法」とされたことを仕出かす国家が出現する可能性は否定できない。ホッブズの説明で、「放棄した自然権」を行使する人間に対して、制裁が加えられなければ、誰もそうした約束を守らないことを指摘しておいたが、それは、この場合にも当てはまる。

力づくで国際秩序の変更を試みた国家に対して、世界中の国連加盟国が制裁を加えていく。

この「集団安全保障」こそが、国際連合が設立された際の、理念的な安全保障の仕組みであった。

機能不全に陥った「集団安全保障」

だが、現実には、この「集団安全保障」は機能しないことが多かった。

その理由を説明する前に、もう一度、国連憲章の第五一条を引用しておこう。

「この憲章のいかなる規定も、国際連合加盟国に対して武力攻撃が発生した場合には、安全保障理事会が国際の平和及び安全の維持に必要な措置をとるまでの間、個別的又は集団的自衛の固有の権利を害するものではない。この自衛権の行使に当って加盟国がとった措置は、直ちに安全保障理事会に報告しなければならない。また、この措置は、安全保障理事会が国際の平和及び安全の維持又は回復のために必要と認める行動をいつでもとるこの憲章に基く権能及び責任に対しては、いかなる影響も及ぼすものではない」

この第五一条で定められた内容は、極めて重要な内容だ。ここで、国連の加盟国には、「個別的自衛権」「集団的自衛権」が「固有の権利」として定められていることは、すでに説明した通りだ。

だが、改めてこの第五一条を引用したのは、復習するためではない。先ほどの引用は、前半部分だけ引用したが、この第五一条全体を読むと、ここでも集団安全保障の仕組みについて触れられていることに気づくはずだ。

繰り返しとなるが、国連の加盟国は「固有の権利」として「個別的自衛権」「集団的自衛権」を有している。しかし、その「個別的自衛権」「集団的自衛権」は、無制限に行使が認められているわけではない。

その権利の行使が認められる時間が、この第五一条で定められているのだ。

次の部分に注目しよう。

「国際連合加盟国に対して武力攻撃が発生した場合には、安全保障理事会が国際の平和及び安全の維持に必要な措置をとるまでの間、個別的又は集団的自衛の固有の権利を害するものではない」

要するに、安全保障理事会が動き出す前まで「個別的自衛権」「集団的自衛権」の行使が認められているのだ。では、安全保障理事会はどのように動くのだろうか?

まずは、安全保障理事会の構成する国々を確認しよう。

安全保障理事会は、常任理事国五カ国(中国、フランス、ロシア連邦、イギリス、アメリカ)と、総会が二年の任期で選ぶ非常任理事国一〇カ国、合計一五カ国で構成されている。

そして、各理事国は一票の投票権を持つ。

多数決で事案が決定される。

たとえば、湾岸戦争に際しては、「国際連合安全保障理事会決議678」が多数決によって可決された。これはクウェートに侵攻したイラクに対して無条件撤退を求めると同時に、イラクが拒否した際には、加盟国に対して武力制裁を認める内容だった。

秩序を乱す国家が出現した際には、安全保障理事会の決定に従い、加盟国が一丸となって制裁を加える。

これが「集団安全保障」だ。

だが、問題はこの先にある。常任理事国には「拒否権」が与えられているのだ。そのために、安全保障理事会の一四カ国が賛成する案件であっても、たった一つの常任理事国が反対に回れば、安全保障理事会の決定は拒否されることになる。

そして戦後、冷戦状態にあったアメリカとソ連がともに、この安全保障理事会の常任理事国であった。

このため、両国は互いに拒否権を行使することによって相手を牽制した。したがって、国連は「集団安全保障」という理念を掲げたところまではよかったのだが、実際問題としては、この常任理事国の「拒否権」によって機能不全を起こしてしまったのだ。

国連の「集団安全保障」では国を守れない

少し複雑になってきた。ここで改めて確認しよう。

国連ではすべての加盟国に対して、「戦争」を違法化した。いかなる理由があろうとも、実力行使によって、現在の国際秩序を乱してはならないと決定したのだ。

だが、法や規則は、破った際の制裁が定められていなければ機能しない。制裁がなければ、そうした規則を守らない人や国家の方が得をすることにもなりかねない。

国連が定めた制裁こそが「集団安全保障」だった。いかなる理由があるにせよ、現在の秩序を実力の行使によって変更しようと試みる国が出現した場合、ただちに安全保障理事会が開かれ、制裁処分を決定する。

しかしながら、攻め込まれた国にしてみれば、安全保障理事会の決定が下るまで、侵略行為を指をくわえて見過ごすわけにいかない。

安全保障理事会の決定が下される前には、侵略された国家は、加盟国の「固有の権利」である「個別的自衛権」を行使することによって、自国を防衛する。そして、攻められた国家に同盟国があった場合、同盟国は「集団的自衛権」を行使して、攻められた国家を援護する。彼らは安全保障理事会の決定を待ちながら、国家を守るために戦う。

だが、問題は、この安全保障理事会が機能しない場合があることだ。常任理事国が「拒否権」を行使して、安全保障理事会の決定を妨げ、いつまでたっても、安全保障理事会の決定が下されないということになってしまう。

こうして、「集団安全保障」が機能不全を起こす可能性が否定できない以上、重要なのは、「個別的自衛権」と「集団的自衛権」ということになってくるのだ。

しかし、冷戦が終結したのだから、米ソ対立も終焉し、「集団安全保障」が機能するはずではないか、と思われた方も多かろう。

確かに、湾岸戦争にみるように、安全保障理事会が機能することもある。

重要なのは、「機能することもある」程度であって、「必ず機能する」とは断言できないということだ。

たとえば、ロシアとウクライナの対立、そしてクリミア半島の併合の問題を考えてみよう。

ウクライナが旧ソ連から独立したのは一九九一年。独立直後に、ジャーナリストのマイケル・イグナティエフがウクライナを訪問し、次のように記述している。

「クリミアはウクライナで最も相争われる。ロシア人がウクライナ人と一戦交えかねぬとすれば、それはこの半島を巡ってのことかもしれない。クリミア半島では、ロシア系住民はウクライナ人を数においてうわまわる」（マイケル・イグナティエフ『民族はなぜ殺し合うのか』河出書房新社、一八八頁）

ロシアとウクライナ間のクリミア半島をめぐる問題は、長い間火薬庫であり続けたことを理解すべきだろう。二〇一四年三月一八日、クリミアの住民投票の結果を受け、上下両院全議員、地方の知事らを前に、プーチンはクリミア編入に関する重大な演説を行なったが、その演説では、クリミアは歴史的経緯を振り返れば、ロシアの領土であった点を何度も強調している。

「クリミアにはロシア人の墓がある。彼らは一七八三年、ロシア帝国のもと勇敢さを発揮した。クリミアといえばセバストポリだ。英雄都市であり、偉大な運命の都市だ。要塞であり、黒海艦隊のふるさとだ。クリミアといえばバラクラバ、ケルチだ。それぞれが我々にとって聖地であり、ロシアの軍事力のシンボルだ」「ロシア人は、クリミアは単に盗まれたのではなく、強奪されたのだと感じた」

確かに歴史を振り返れば、プーチンが主張するようにクリミア半島の帰属に関しては問題が複雑だ。一九五四年に、フルシチョフがロシアに帰属していたクリミア半島をウクライナに編入したのだが、当時はロシアもウクライナもソ連という共同体に所属しており、よもやロシアとウクライナが別々の国家となることは予想だにされなかった。

だが、これまで何度も指摘しているが、歴史的根拠にせよ、いかなる根拠にせよ、実力によって、他国の領土を編入することは、国連憲章によって禁じられている。

第二次世界大戦後、人類は戦争の違法化を進めてきた。実際には戦争が勃発したという事実はあるものの、国連憲章では「自衛権の行使」「軍事制裁」の例外を除き、武力の行使が禁止されている。各国が軍事力を背景に植民地獲得に明け暮れた帝国主義時代とは異なり、現在、軍事力の行使は極めて限定的なものとすべきだとされている。

ロシアのクリミア半島編入は、明らかにウクライナの主権を侵害する軍事行動であり、「戦争の違法化」を無視する帝国主義時代の政策だと判断せざるを得ない。

こうしたロシアの動きに対して、アメリカ、ヨーロッパ各国は経済制裁を加えており、日本もまたロシアに圧力を加えている。

しかしながら、安全保障理事会が動き、ロシアに対して制裁を加えることができなかった。なぜなら、それは、ロシアが「拒否権」を持つ安全保障理事会の常任理事国だからだ。ロシアに対して制裁を加えることを、ロシアが認めるはずがない。

結局のところ、安全保障理事会の常任理事国が問題に関与した場合、安全保障理事会は機能しない。したがって、集団安全保障の仕組みが働かない。

だからこそ、「個別的自衛権」「集団的自衛権」を行使することが、各国にとっての安全保障政策の基本であり続けているのである。

過去の憲法解釈変更を認めない憲法学者の不誠実

日本においては、集団的自衛権の行使容認は、どんなに限定的なものであっても、これは「立憲主義」に反する行為であり、立憲主義を破壊する暴挙だという批判が多い。

たとえば、自民党が国会に参考人として招いたにもかかわらず、今回の安保法案が「違憲である」と明言した長谷部恭男氏は、次のように述べている。

「政府はこれまで国会での答弁等で、集団的自衛権の行使は憲法で禁じられているだけでなく、こうした憲法解釈は変更できないもので、集団的自衛権を行使するなら、憲法改正の手続に訴える必要があるとしてきました。

現在の安倍政権は、この憲法解釈を変更しようとしています。この動きは多くの深刻な問題をはらんでいます。まずこの変更は、憲法によって政治権力を制約するという立憲主義を覆すものです。中長期的に遵守すべき、そしてどんな政党で構成される政府であっても、その権限をしばるべき憲法の意味を、特定の時点に政権の座にいる人々の考えで変えてしまうのですから」（「〝国民の生死〟をこの政権に委ねるのか？-集団的自衛権―憲法解釈変更の問題点」http://www.yomiuri.co.jp/adv/wol/opinion/gover-eco_140623.html）

こうした主張をするのは長谷部氏だけではない。多くの憲法学者たちが、今回の安全保障政策が憲法違反であり、立憲主義を根底から覆す政策だと主張している。

だが、本当にそうなのか？

まず確認しなければならないのは、集団的自衛権の行使を容認しないことは、戦後一貫した日本国憲法の解釈だったのかということだ。

大変長くて、読みにくい文章だが、我慢強い方は、是非とも次の文章をお読みいただきたい。なお、極めて複雑でわかりにくい神学的な文章なので、途中で断念した場合は、引用を飛ばしていただいても結構である。

「国際法上、国家は、いわゆる集団的自衛権、すなわち、自国と密接な関係にある外国に対する武力攻撃を、自国が直接攻撃されていないにもかかわらず、実力をもって阻止することが正当化されるという地位を有しているものとされており、国際連合憲章第51条、日本国との平和条約第5条（C）、日本国とアメリカ合衆国との間の相互協力及び安全保障条約前文並びに日本国とソヴィエト社会主義共和国連邦との共同宣言3第2段の規定は、この国際法の原則を宣明したものと思われる。そして、わが国が、国際法上右の集団的自衛権を有していることは、主権国家である以上、当然といわなければならない。

ところで、政府は、従来から一貫して、わが国は国際法上いわゆる集団的自衛権を有しているとしても、国権の発動としてこれを行使することは、憲法の容認する自衛の措置の限界をこえるものであって許されないとの立場に立っているが、これは次のような考え方に基づくものである。

憲法は、第9条において、同条にいわゆる戦争を放棄し、いわゆる戦力の保持を禁止しているが、前文において『全世界の国民が……平和のうちに生存する権利を有する』ことを確認し、また、第13条において『生命・自由及び幸福追求に対する国民の権利については、……国政の上で、最大の尊重を必要とする』旨を定めていることからも、わが国がみずからの存立を全うし国民が平和のうちに生存することまでも放棄していないことは明らかであって、自国の平和と安全を維持しその存立を全うするために必要な自衛の措置をとることを禁じているとはとうてい解されない。しかしながら、だからといって、平和主義をその基本原則とする憲法が、右にいう自衛のための措置を無制限に認めているとは解されないのであって、それは、あくまでも外国の武力攻撃によって国民の生命、自由及び幸福追求の擁利が根底からくつがえされるという急迫、不正の事態に対処し、国民のこれらの擁利を守るための止むを得ない措置として、はじめて容認されるものであるから、その措置は、右の事態を排除するためとられるべき必要最小限度の範囲にとどまるべきものである。そうだとすれば、わが憲法の下で、武力行使を行うことが許されるのは、わが国に対する急迫、不正の侵害に対処する場合に限られるのであって、したがって、他国に加えられた武力攻撃を阻止することをその内容とするいわゆる集団的自衛権の行使は、憲法上許されないといわざるを得ない」(「集団的自衛権と憲法との関係に関する政府資料」一九七二年一〇月一四日、参議院決算委員会提出資料)

おそらく、最初から最後まで読み通せた方は少ないだろう。読み通すのが苦痛とすら思えるほど、回りくどい表現が繰り返されているが、ここでまず確認しておきたいのは、次の一文である。

「政府は、従来から一貫して、わが国は国際法上いわゆる集団的自衛権を有しているとしても、国権の発動としてこれを行使することは、憲法の容認する自衛の措置の限界をこえるものであって許されないとの立場に立っている」

これを読めば、日本国憲法が定められて以来、「従来から一貫して」、わが国は「集団的自衛権」を有しているとしても、その行使は憲法上認められていない、ということになる。

だが、この「従来から一貫して」という表現に大きな問題がある。問題があるというよりも、端的に言えば、これは嘘なのである。

公的な資料を「嘘だ」と断ずるからには、証拠をあげておかねばなるまい。

たとえば、次の岸総理の発言をどう考えるかだ。

「日本の自衛、いわゆる他から侵略された場合にこれを排除する、憲法において持っている自衛権ということ、及びその自衛の裏づけに必要な実力を持つという憲法九条の関係は、これは日本の個別的自衛権について言うていると思います。しかし、集団的自衛権という内容が最も典型的なものは、他国に行ってこれを守るということでございますけれども、それに尽きるものではないとわれわれは考えておるのであります。そういう意味において一切の集団的自衛権を持たない、こう憲法上持たないということは私は言い過ぎだと、かように考えております。しかしながら、その問題になる他国に行って日本が防衛するということは、これは持てない。しかし、他国に基地を貸して、そして自国のそれと協同して自国を守るというようなことは、当然従来集団的自衛権として解釈されている点でございまして、そういうものはもちろん日本として持っている、こう思っております」（一九六〇年三月三一日、参議院予算委員会）

この発言の中で重要なのは次の一節だ。

「一切の集団的自衛権を持たない、こう憲法上持たないということは私は言い過ぎだと、かように考えております」

これは、安倍総理の答弁ではない。安倍総理の祖父、岸信介総理の答弁なのだ。この答弁がなされたのは、一九六〇年であり、先ほどの一九七二年の「従来から一貫して」という説明よりも一〇年以上前の答弁だ。

集団的自衛権の解釈が歴代内閣で「従来から一貫して」いるという認識こそが誤りなのであって、集団的自衛権の解釈は変遷を遂げてきた。一九七二年の段階で「従来から一貫」した集団的自衛権に関する解釈など存在しなかった。

同じく一九六〇年、当時の防衛庁長官であった赤城宗徳も次のように述べている。

「国際的に集団的自衛権というものは持っておるが、その集団的自衛権というものは、日本の憲法の第九条において非常に制限されておる、こういうような形によって日本は集団的自衛権を持っておる、こういうふうに考えておるわけであります。でありますので、自衛隊ができ、自衛権の行使を具現するものとして再発足したということは、すなわち日本が独立を回復した、そして独立国としてその権利を具現するものをここに持つということであり、同時にこれは平和条約あるいは安保条約等によりまして個別的、集団的自衛権を持つということでありましても、その点は憲法第九条によって制限された集団的自衛権である、こういうふうに憲法との関連において見るのが至当であろう、こういうふうに私は考えております」（一九六〇年五月一六日、衆議院内閣委員会）

日本の集団的自衛権は、憲法第九条によって制限された集団的自衛権である。要するに、この日本国憲法第九条下において、集団的自衛権を全面的に行使することは不可能だが、その一部分を行使することは可能である。いわば集団的自衛権の限定的な行使容認論に立脚しているのだ。

したがって、日本国憲法において、終始一貫した集団的自衛権についての解釈が存在しているわけではないのは明らかだ。

偽りの立憲主義者

日本国憲法が起草された当時、起草者たちは集団的自衛権の問題に関して何ら想定していなかった。敗戦し、軍隊すら存在しなくなった国家において、「集団的自衛権」が想定されないのは、ある意味では当然のことかもしれない。

また、この集団的自衛権という概念自体が国連憲章とともに出現した概念であり、対応できなかったのだろう。

最初に国会で、この「集団的自衛権」の問題が議論された際の政府側の答弁を読めば、集団的自衛権の保持、行使について明確で一貫した憲法解釈など存在しなかったことが明らかだ。

外務省条約局長であった西村熊雄は率直に次のように答えている。

「国際連合憲章の第50条か第51条に、国家の単独の自衛権という観念のほかに、集団的の自衛権というものを認めている。この集団的自衛権というものは国際法上認められるかどうかということは、今日国際法の学者の方々の間に非常に議論が多い点であり、私どもは実はその条文の解釈に全く自信をもっていない」（一九四九年一二月二一日、衆議院外務委員会）

集団的自衛権の行使に関しては、憲法で明確に規定されていない以上、その解釈によって、その行使の可否等々が決定されることになる。

そして、歴代内閣は一貫した解釈を堅持してきたのではなく、その解釈を変遷させてきたというのが事実だ。

長きにわたって、集団的自衛権は保持しているが、憲法上行使できないという解釈をとってきたが、それは戦後一貫した解釈ではない。

岸総理、赤城防衛庁長官は、集団的自衛権の全面的な行使は憲法上不可能だが、その限定的な行使は容認されるとの立場をとっていた。その後に、日本は集団的自衛権を保持しているが、憲法上行使不可能であるとの解釈が提出されている。明らかに、岸―赤城の憲法解釈が、時の政権によって変更されている。仮に、集団的自衛権に関する憲法解釈を変更させることが、立憲主義に反するというのならば、このとき岸—赤城の憲法解釈が変更されたことが立憲主義を覆すことになるというのだろうか？

私はそう思わない。一度も動かされたことのない解釈を変更して、「立憲主義の否定だ」というのならともかく、戦後、変遷してきた解釈を再度見直し、現状に相応しい集団的自衛権の解釈を提示することは、立憲主義を否定することにはならない。

「立憲主義を否定する」というのならば、戦後最大の解釈変更は、吉田茂によるものだろう。

当初、日本国憲法では、自衛すらできないと公言していたにもかかわらず、情勢の変化から、自衛力を持つことは当然と言い出したのが吉田茂だった。仮に、立憲主義の破壊に至る憲法の解釈変更があったとするならば、この吉田の主張こそが、立憲主義の破壊というべきではないのか？

いまだに多くの憲法学者は、自衛隊の存在を合憲と認めていない。そうであるならば、彼らは、現行憲法下で自衛隊の存在を認めていること自体が違憲であり、こうした解釈を許すことが立憲主義の否定だと声を大にして主張するべきだ。そして、自衛隊の即時解体と非武装中立こそが、日本国憲法の正しい解釈なのだと国民を説得すべきであろう。

なかには、正直な「立憲主義者」もおり、次のように主張している。

「憲法学者のほとんどがそう解釈するように、自衛隊を違憲とみることが憲法解釈としては自然であり、したがって存在そのものが違憲である自衛隊を前提とした自衛隊の海外派遣（派兵）も当然に違憲であり、自衛隊の派遣を内容として含むＰＫＯ協力法もまた当然に違憲とみなさざるを得ないものである以上、もし本当に自衛隊の存在やＰＫＯ協力法が必要であるなら、そして国民がそれを本当に望んでいるとする自信があるなら、改憲の手続きを先行させるべきであったろう」（横田耕一「立憲主義が危機に瀕している」『世界』一九九二年八月号、四〇頁）

自衛隊の存在そのものが違憲である以上、自衛隊の海外派遣も違憲であり、ＰＫＯ活動も違憲であり、集団的自衛権の行使も違憲である。自衛隊の存在そのものが違憲である以上、自衛隊の災害時の救援活動も違憲となる。

自衛隊の存在そのものが違憲であり、立憲主義を守るためには、自衛隊を解体するしかない。これが彼らの主張だ。だが、多くの国民は戸惑うだろう。

「非武装中立で、日本の防衛は大丈夫なのか？」

「自衛隊がなくなったら、どこかの国が攻めてこないのか？」

「災害時に、自衛隊がなくて大丈夫なのか？」

極めて常識的な真っ当な疑問だといってよい。

だが、論理的に考えてみて、自衛隊を「違憲だ」と考える人々にとって「立憲主義」を守るためには、自衛隊を解体するしか選択肢はあり得ないだろう。

自衛隊が違憲でありながら、個別的自衛権の行使が許されるはずもないし、災害時の救援活動が許されるはずもない。

奇妙なのは、自衛隊を「違憲だ」と認識しながら、「自衛隊の存在によって、立憲主義が覆される！」と主張することもなく、「集団的自衛権の限定的な行使容認によって、立憲主義が覆される！」と主張する人々だ。彼らは奇妙というよりも、偽りの立憲主義者だ。

私は、一読して自衛隊の存在すら違憲としか解釈できないような憲法を改正して、誰もが納得のできる形の憲法を守ることが最も真っ当な方法だと考えているが、わが国には、極めてご都合主義的な偽りの立憲主義者が多数存在していることには辟易としている。

最後に、立憲主義のもう一つの重要な観点である、国家が国民一人一人の生き方を強制したり、強要するようなことがあってはならない、という観点から、安倍政権が推進しようとする安全保障政策を検討してみよう。

安全保障政策の強化によって、「徴兵制」が導入されるという議論があった。

政府が何度も否定しているにもかかわらず、そして、現実的にそのような必要がまったくないにもかかわらず、国民を恐怖に陥れることを目的としたかのように、何度も流布された虚構の議論だ。

仮に、安倍政権が徴兵制を導入するというのならば、それは、立憲主義のリベラルな価値観を擁護する部分に抵触する可能性が高い。

なぜなら、徴兵制とは、ある意味では一つの生き方を国民に強要する政策だからだ。

敵国が攻めてきたら、国のために戦い、場合によっては、国のために死ぬ。これは一つの生き方であり、人生観だ。こうした人生観こそが、国民に求められている、と考えるのも自由だが、国のために戦うのは嫌だ、という人間を「それは卑怯だ」と断じ、そうした愛国的感覚を他者に押しつけないのが近代的な立憲主義の基本であった。そう考えてみると、徴兵制はリベラルな立憲主義に抵触する可能性が否定できない。

だが、安倍内閣が成立させた安全保障法案は、徴兵制を認めるものではない。まるで徴兵制が導入されると声をあげているのは、まるで無知蒙昧な人間か、人を騙してやろうとする悪質な詐欺師だ。

今回の安保法案によって、国民の生き方が変更させられたり、ある特別な人生観が強要されるわけでもない。

以上、さまざま検討してきたが、集団的自衛権の限定的行使容認を含む安倍内閣の安保法案は、立憲主義を破壊するものだという主張は、あまりに極端な意見と言わざるを得ない。

第5章　集団的自衛権の行使は是か非か？

集団的自衛権は「権利」であって「義務」ではない

集団的自衛権の行使を容認すると戦争になる。

徴兵制になる。

そういう出鱈目で極端な情報が流れている。

すでに確認したように、集団的自衛権は個別的自衛権とともに、すべての国連加盟国が保有する権利だ。保有するが行使できないという立場をとるのは日本くらいで、多くの国々は

「個別的自衛権」「集団的自衛権」をその時々の必要に応じて全面的に行使することができる。

だが、世界中で戦争が起こっているだろうか？

世界各国で徴兵制が導入されているのだろうか？

そうではないだろう。では、なぜ、日本が集団的自衛権を行使可能となると、即座に戦争が始まったり、徴兵制が導入されるなどという極端な議論がなされるのであろうか？

こういう日本だけ特殊な国であるという議論は、極めて差別主義的な議論であるから、やめたほうがよい。必要以上に日本を褒めたたえるのもおかしいが、必要以上に日本を危険視するのも、同様におかしい。

日本もほかの諸国と同じ一つの国家なのだ。日本が「集団的自衛権」を行使することが可能になったからといって、即座に戦争につながるような議論をする人々は極端すぎる。

まるで「集団的自衛権」という言葉に対して、「脊髄反射」している人々が多いという印象を受ける。要するに、自分の脳内で、「集団的自衛権」なる概念を理解したうえで判断するのではなく、「集団的自衛権」という言葉に嫌悪感を持ち、何も考えずに無条件に反対しているようにしか思われないのだ。

こういう「脊髄反射」「思考停止」といった知的怠惰は、冷静で落ち着いた議論が必要な安全保障の問題には、相応しくない。

「集団的自衛権」の行使容認を是とするか、非とするか、それが本章で取り扱いたいテーマである。憲法上の問題については、すでに十分に論じたので、安全保障上、わが国の国益に適うのか、適わないのか、この観点から分析したい。だが、そうした判断を下す前に、確認しておかなくてはいけない点が何点かある。

まずは「集団的自衛権」が「権利」であって、「義務」ではないということだ。

繰り返しになるが、「集団的自衛権」とは、自国が直接攻撃されていないにもかかわらず、同盟国や密接な関係を有する国家が攻撃を受けた際に、自国が攻撃されたと見なして、応援に駆け付ける権利である。

同盟国や密接な関係を有する国家が、ある冒険主義的な国家の侵略によって、制圧されてしまえば、自国の損害となる。そうした判断に基づいて行使される権利だ。

さらに、今回の安倍内閣は、「集団的自衛権」の行使に、さらに歯止めをかけた。それが、次の「自衛の措置としての武力の行使の新三要件」だ。

（1）わが国に対する武力攻撃が発生したこと、またはわが国と密接な関係にある他国に対する武力攻撃が発生し、これによりわが国の存立が脅かされ、国民の生命、自由および幸福追求の権利が根底から覆される明白な危険があること

（2）これを排除し、わが国の存立を全うし、国民を守るために他に適当な手段がないこと

（3）必要最小限度の実力行使にとどまるべきこと

この三つの要件が満たされなければ、日本は「集団的自衛権」の行使ができないということだ。

世界広しといえども、自国の「集団的自衛権」の行使に関して、これだけ厳しい条件を課している国は存在しないだろう。

通常の国家であれば、自国の国益に適うと判断される状況であれば、集団的自衛権は行使されるし、自国の国益に反すると判断される状況であれば、集団的自衛権は行使されない。

それだけの話なのだ。

日本では、ことさらに「集団的自衛権」の問題を大袈裟に取り上げる傾向が強いが、日本を取り巻く安全保障の観点から、今回の安保法案は包括的に議論される必要があるだろう。

非現実的な「非武装中立」

集団的自衛権の問題を論ずる前に、日本の安全保障について、我々は立場を決しておく必要がある。要するに、日本をどのように守るのかという基本方針だ。おそらく、日本を守るための戦略として三つが考えられるだろう。

一つは非武装中立という方法だ。

かつて、社会党は非武装中立という方針を掲げていた。自衛隊を解散させ、日本をまったく非武装状態にしてしまおうという主張だ。果たして、彼らが、本気で非武装中立によって国家の安全が守られると考えていたのかどうかはわからない。自分たちが政権獲得不可能であることを十分に認識していたがゆえに、敢えて実現できもしない虚妄の安全保障政策を語っていた可能性も否定できない。

なぜなら、戦後長きにわたって、「非武装中立」路線を堅持してきたはずの社会党は、権力を掌握するために、党是としてきた自らの路線を弊履《へいり》のごとく捨て去ったからである。一九九四年に自民党、さきがけとともに連立政権を樹立し、社会党の村山富市を首班とする村山内閣が誕生した。

わが国の五五年体制下にあって、自民党と社会党とは、まさしく水と油の関係のように評されてきたが、両者が政権を奪還するために手を握ったのだ。

いったい、どのような安全保障政策を打ち出すのか？

多くの人が疑問に感じ、あるいは、恐れたはずである。

民社党の参議院議員、吉田之久氏は、村山総理に次のように厳しい質問を突きつけた。確かに表現は厳しいが、誰もが等しく抱いていた疑問だった。

まず、吉田氏は次のように前置きする。

「自衛隊は違憲だとしてその存在を否定し、日米安保は日本をアメリカに従属させ戦争に巻き込むものだとして、いわゆる非武装中立を主張してきたその社会党の委員長が首班となる内閣が誕生したのでありますから、日本の将来に対する疑問と不安が一挙に広がったのはむしろ当然と言わなければなりません」（一九九四年七月二一日、参議員本会議）

自衛隊を違憲と断じ、日米同盟を否定し、非武装中立を掲げてきた人物が、日本の総理大臣となるのだから、不安に感じる方が、正常というものだろう。

いったい、どのような安全保障政策を実現するのか、吉田氏は三つの疑問をぶつける。

「一つ。社会党が今日まで言ってきた非武装中立論は間違いであったと率直にお認めになりますか。

二つ。社会党は、自衛隊は憲法違反との立場をとってきたことを全面的に改め、今後、自衛隊を明確に合憲と認められますか。

三つ。自衛隊合憲、日米安保堅持の方針に転換するため、社会党の綱領的文書である新宣言の改正を必ず九月党大会に提起されますか。もし万一認められない場合は、党首として、また総理として、責任をおとりになりますか」

これに対する村山総理の答弁は次の通りだ。

「自衛隊に関する憲法上の位置づけについてのお尋ねがございました。私としては、専守防衛に徹し自衛のための必要最小限度の実力組織である自衛隊は、憲法の認めるものであると認識するものであります」

村山総理は、自分たちが一貫して主張してきた内容を平然と否定し、自衛隊は合憲だと主張したのだ。いったい、今までの社会党の非武装中立の主張は何のためだったのだろうか。

「非武装中立」「自衛隊は解散させろ」という主張は非現実的であり、実際にそのような主張を現実化するつもりはなかったのではないかと思わざるを得ない。

吉田氏は日米安保についての認識も問うているが、村山は日米安保については答えていない。

同日、同じく参議院本会議で自民党の宮澤弘氏が、村山総理に再び「日米安保体制について村山政権の立場を改めて明確にしていただきたい」と質問した。

これに対して、村山総理は次のように答弁する。

「次に、日米安保体制についてのお尋ねがございました。冷戦の終結後も国際社会は依然不安定要因を内包している中で、我が国が引き続き安全を確保していくためには日米安保条約が必要であると考えております」

日米安保体制にあれだけ反対していた社会党の党首が、日米安保条約が必要であると言明したのである。

一九六〇年、「安保反対」の叫び声をあげ、国会議事堂を取り囲んでいた人々の代表ともいうべき社会党の党首が自らの誤りを認め、岸内閣の決断の正しさを認めた瞬間でもあった。

条文をまともに読むことなく、反米ムードが高まり、まるで日米安保条約によって日本は戦争に巻き込まれるとばかりの非難の声があがったが、こうした判断は誤りにほかならなかったのだ。

さらに、村山は次のようにも述べている。

「本来、国家にとって最も基本的な問題である防衛問題について主要政党間で大きな意見の相違があったことは、好ましいことではありません」


これは確かに正論なのだが、この人たちだけには言って欲しくない言葉だ。この人たちは、自衛隊を全面的に否定し、彼らの名誉を傷つけ、日本の安全保障政策論議をまったく空疎なものにし続けてきた人々だ。そういう人々が、主要政党間で安全保障政策に関して大きな意見の相違があったことは好ましくない、などと平然と言ってのけるのは、相当図太い神経の持ち主と言ってよいだろう。

社会党は口では「非武装中立」を唱えながらも、そうした危険で過激極まりない安全保障政策を実施する意思はなかったとみるのが正しいであろう。彼らは具体的な安全保障政策を論ずることを逃げ、非現実的な「非武装中立」という空疎なスローガンを唱えていただけだった。

一見勇ましい「自主防衛論」

日本を守るための戦略として考えられる二つ目は、個別的自衛権の行使のみで日本を守るという方法だ。

この場合、日米安全保障条約の解消、すなわち日米同盟が消滅することになる。

自国の独立を守るのは自国のみでよい、アメリカになど頼る必要はない、という主張で、民族派の論客が好んで展開する議論である。私自身も含め日米同盟を堅持しようとする人々のことを「親米派」と名付け、「対米従属路線を脱却することこそが急務だ」と説く人々だ。

彼らの議論は勇ましく、ナショナリストには聴き心地のよい議論だといってよい。

たとえば、対米自立の重要性を説く政治家、亀井静香氏は次のように語っている。

「アメリカ従属の考え方が政治家に染みついてしまっている。戦後六十五年経ってもなお、日本は自立していない。まるで占領下にあるような有様だ。いまこそ、日本は対米自立の意思を固めなければいけない。

特に岸信介首相の時代から、日本の対米従属が顕著になった。岸首相は安保改定をしたから偉いと言われるが、彼はアメリカから資金をもらい、対米追従路線を強めていった。アメリカの言いなりになることは、在るべき保守の立場ではない」

「抑止力についても、もっと大局的に考えるべきだ。我々は、海兵隊の抑止力に頼るだけではなくて、まず自らの防衛力充実によって抑止力を強化しなければいけない。仮に他国が攻めてきたら、日本自身の力で撃退するという自主防衛の考え方を基本にすべきだ。『攻めてこられた場合には海兵隊に頼る』などと言っている人に、『抑止力』を語る資格などない」（亀井静香「自主防衛路線で対米自立を」『月刊日本』二〇一〇年六月号、二〇頁）

確かに精神論の立場からすれば、自国のことは自国で守るというのは、ある意味で、健全な姿勢だといってよい。だが、現実的に日米同盟がなくなったあと、日本の安全保障は本当に維持ができるのだろうか？

たとえば、アメリカの「核の傘」の下にある日本が、「核の傘」から飛び出る決断をした場合、日本は核武装にまで進むというのだろうか？

政治家である亀井静香氏は、具体的な話になるとお茶を濁す。

「わが国は軍事大国になる必要もないし、核武装する必要もないが、軍事技術を発展させることを躊躇してはいけない。同時に、技術力、経済力を含め、わが国が持つ力をフルに活用して、自ら安全保障体制を強化する必要がある」（前掲誌、二一頁）

亀井静香氏は、精神論レベルの「対米自立」に関しては雄弁に語るが、具体的な安全保障政策についてはほとんど語っていないに等しい。亀井氏の説明を聞いて勇ましいとは思うが、この亀井氏の主張通りに安全保障政策を立案した場合、中国や北朝鮮といった国々の核兵器から、日本をどのように守るのか、といった具体的な計画が見えてこない。

政治家ではなく言論人として、対米自立を主張する西部邁氏は、次のように主張している。

「とりわけ冷戦後にあって、アメリカが日本を守る保証などありはしない。それは自己欺瞞と自己慰安のためのブルシット（嘘話）である。現政権（引用者注：民主党政権）の唯一の貢献は、アメリカにたいしてゴー・ホームの要求をつきつけることにより、『自主防衛の体制に逸早く入らなければ日本は独立の国家として生存しえない』という簡明な真実を浮き彫りにした点である」（西部邁「核武装以外に独立の方途なし」『正論』二〇一〇年一二月号、三八頁）

アメリカは日本を守らない。アメリカが日本を守るなどという話は、ブルシットにすぎない。だから、日本は逸早く自主防衛をすべきだという主張だ。
そして独立の重要性と核武装の重要性を説く。
「独立の放棄は、人においてであれ国においてであれ、生きながらにして腐っていくこと以外ではありえない。
この国民精神の腐敗から逃れるには、好むと好まざるとにかかわらず、自分らの国家を核武装させ、そうすることによって他国への屈従から逃れてみせるしかないのである」（前掲誌、三八頁）
西部邁氏の主張と同様の主張をしているのが、「一水会」の木村三浩氏だ。彼も西部氏と同様にアメリカからの独立の重要性を指摘し、次のように説いている。
「我が国がより強固な安全保障を求めるならば、日米安保体制を脱却し、自主防衛体制を築くしかないのだ。そもそも自国を守るという気概なくして、平和を享受しようという考え方が、都合のいい願望に過ぎない。そこに大和魂はない」（木村三浩「自立を阻む日米安保体制」『月刊日本』二〇一二年九月号、二五頁）
木村氏も非武装を説くのではなく、日本独自の安全保障体制を確立させる必要を指摘している。

「在日米軍を撤退させたとしても、それに替わる自衛力がなければ、安全は維持されない」（前掲誌、二七頁）

日米同盟ではなく、自主防衛によって日本を守れという主張の基本的な論理は次のようなものだろう。

自分の国を自分で守るのは当然だ。他国によって、自国を守ってもらおうという発想自体が健全なものではない。西部氏流に言うならば「生きながらに腐っている」。そして、そもそも、いざというときにアメリカが守ってくれる保証などどこにもない。だから、自分たちのことは自分たちで守るべく、核武装も含めた日本の軍備拡張を断行すべきである。

こうした勇ましい議論に対しては、冷静な議論で対抗する必要がある。実際問題として、こうした対米自立政策の実現可能性はどれほどあるのだろうか？

日本の核武装が自主防衛を損なう

核武装を含めた対米自立、自主防衛に関して、面白い指摘をしている本がある。防衛大学校の武田康裕、武藤功教授の『コストを試算！日米同盟解体―国を守るのに、いくらかかるのか』（毎日新聞社）だ。

本書では、さまざまな角度から、日米同盟を解消し、現在と同程度の安全保障体制を構築するのに、実際にいくらくらいコストがかかるのかを試算している。以下、本書の分析に基づいて、対米自立、自主防衛論が具体的に可能な議論なのかどうかを検討してみよう。

結論からいえば、日米同盟を解消し、なおかつ、現在と同程度の自衛手段を持つためには、二二兆円ほど余計な経費がかかることになる。もちろん、この数字はあくまで理論上のものだ。

たとえば、米軍基地が沖縄から撤退した場合、どれくらいの経済効果があるのかを計算することは難しい。だが、それでも、敢えてそうした日米同盟が解消することによって得られる利益と、不利益とを数字化し、その差額を計算すると、日米同盟解消のためには、日本は二二兆円もの負担を強いられることになる。近年、日本国の税収が五〇兆円に満たない程度だから、その中で二二兆円の出費は、現実問題として厳しいだろう。

日米同盟が解体されると、日本を守るためにアメリカ軍がその役割を担っていた三つの機能が崩壊する。

（1）前方展開部隊

（2）核の傘
（3）弾道ミサイル防衛

一つずつ説明していこう。

「前方展開部隊」とは、日本国の防衛のためだけでなく、アジア・太平洋全域における安定のために日本に置かれている米軍部隊のことである。具体的に言えば、沖縄と岩国に駐留する海兵隊、横須賀を母港とする海軍、嘉手納と三沢を中心とする戦術空軍である。これらの存在が朝鮮半島、台湾海峡、尖閣諸島における有事に対する「抑止力」として機能している。

これらが存在しなくなった場合、どのような状況に陥るだろうか。武田・武藤教授は次のような状況を描き出している。

「日米同盟解体は、在日米軍および第7艦隊の地域的プレゼンスを後退させる。その結果、すでに中国に有利な中台軍事バランスの下で、第7艦隊の即時投入の可能性が低下すれば、中国による武力統一のコストを大幅に下げることになろう。同様に、北朝鮮は、有事の際の在日米軍の投入を懸念することなく、韓国への奇襲攻撃の成功確率を過大評価することになろう。こうした武力衝突の蓋然性の高まりにより、日本周辺の戦略環境は著しく悪化する。また、中国が主張する第1列島線の内側に位置する東シナ海と南シナ海における中国の軍事的圧力が高まり、日本のシーレーンの安全が脅かされる事態を招くだろう」（武田・武藤前掲書、一六四〜一六五頁）

要するに、日米同盟が解消され、在日米軍が存在しなくなった場合、日本自身の平和が脅かされるだけでなく、東アジア全体の平和が脅かされる可能性が高くなるということだ。

現在日本は「専守防衛」を国是《こくぜ》としているために、敵基地攻撃能力、要するに他国まで出向いて攻撃するような兵力を有していない。だから、当然のことながら、現在、在日米軍の存在が抑止となっている東アジアにおけるパワー・バランスが崩れることになる。

日本は、日本だけが攻撃されなければ安全なのではなく、当然、アジアが平和であることが日本の平和のための前提となっているので、米軍が撤退した場合、これらの戦力を補完しなければならなくなるだろう。そのためには莫大な経費を投入しなければならない。

そして、仮に日本が戦争に巻き込まれなければ、台湾で戦争が起ころうとも、朝鮮半島で戦争が起ころうとも構わないとの立場から、これらの実力を備えることを放棄すれば、アジアの平和と安定を日本自らが破壊することになるだろう。そういう極端に利己主義的な政策は、国際社会から許容されるものではないはずだ。在日米軍基地は日本の平和を守るためだけでなく、東アジアの平和的秩序を守るためにも機能していることを閑却してはならない。

「核の傘」とは、アメリカの核兵器が存在していることによって、日本に対する核攻撃への抑止となっている事実を指す。核攻撃に対し、最も強い抑止力となるのが、核攻撃による報復の可能性だ。アメリカの傘の下にある日本が、その外側に飛び出すのは、大変危険な状態の中に飛び込んでいくことを意味する。たとえてみるならば、快適、安全な都市生活から、いきなり未開のジャングルに移動するようなものだろう。なぜなら、今までは、アメリカの傘の下にあるからこそ、日本に対して核兵器による恫喝等々がなされることは少なかった。しかし、アメリカの核の傘の下になく、核兵器を持たない日本は、核保有国から恫喝される可能性が高まるはずだからだ。

それでは、日本が核武装すればよいと考える人もいるだろう。

しかし、事はそう簡単ではない。

日本の核武装に関して、武田・武藤教授は面白い指摘をしている。

「日米同盟を否定する自主防衛論において、核武装はその中核的位置を占めてきた。しか

し、核武装が自主防衛を損なうというパラドクスがそこには存在する」（武田・武藤前掲書、一八七頁）

核武装が自主防衛を損なう？ いったい、どういうことなのか。

まず考えなくてはならないのが、核拡散防止条約（ＮＰＴ）の問題だ。ＮＰＴに加盟している日本が核武装するためには、日本はＮＰＴを脱退する必要がある。すると、日本は国連安全保障理事会による制裁措置の対象となる可能性が高い。石油、食料の多くを輸入に依存しているわが国が制裁を受けた場合、その被害は計り知れないものになるだろう。

また、「対米自立」を根拠として核武装した日本は、アメリカから敵対国と見なされ、従来のようにさまざまな兵器をアメリカから輸入することが不可能になり、日本の防備は極端に脆弱なものになる。たとえば、主力装備であるＦ15戦闘機、Ｆ２戦闘機のような装備品もライセンス生産が不可能になる。

これで、どのように日本の平和を守れるのだろうか？ 世界からの非難の声を無視して核武装に踏み切っても、日本は、核兵器は持つが、通常戦力に関する装備をほとんど生産も輸入もできない状況に追い込まれてしまうのだ。

そして弾道ミサイル防衛も大変困難な状況に陥る。弾道ミサイル攻撃への対処は四段階がある。

①弾道ミサイルの使用の抑止
②発射前の弾道ミサイルの無力化（攻勢防御）
③発射後の弾道ミサイルの迎撃（積極防衛）
④着弾後の被害の最小化（消極防衛）
（武田・武藤前掲書、一五八頁）

このとき、①と②に該当するのが、米軍の「前方展開部隊」だ。日本に向けて弾道ミサイルを発射しようとする国家に対し、抑止力となり（①）、いざというときには、そのミサイル基地そのものを攻撃してしまう（②）という能力を持つのが米軍だ。繰り返しになるが、日本の自衛隊には、敵基地攻撃能力がないため、現在、この役割を担っているのは米軍なのだ。日米同盟を解消した場合、この役割を果たす実力を日本は独自に補完する必要があるだろう。

ここまでは、経費さえかければ、可能な話であるかもしれない。

だが、決定的に問題となるのが、③の迎撃の際のミサイル防衛システムだ。このミサイル防衛システムは日米同盟を前提として構築されたものであり、日米同盟が解消されてしまった場合、日本への情報提供がなされず、ミサイル防衛は機能しない。

その理由を武田・武藤教授は次のように説明している。

「護衛艦に搭載されたイージス・システム、ＰＡＣ３迎撃ミサイル、Ｆ35多機能戦闘機といった最先端装備の他、早期警戒衛星（ＳＥＷ）やＸバンドレーダーが提供する情報とインテリジェンスは、日本が同盟国であるがゆえに有償軍事援助として米国から供与される代物である」（武田・武藤前掲書、一八八頁）

要するに、日米同盟を解体してしまった場合、日本にとって最新の装備、重要な情報が入ってこなくなるため、日本のミサイル防衛は機能しないというのだ。

端的に言って、核武装することは、日本の防衛機能を弱める。すなわち、核武装が自主防衛を損なうのだ。

日本が核武装をするということは、現在においては、現実的に不可能な選択であり、核武装を強行した場合、ミサイル防衛が低下し、日本の安全保障体制は脆弱なものとならざるをえない。

これが現実だ。

確かに、対米自立、自主防衛の主張は、勇ましく、意気軒昂である。しかし、こうした現実を無視したナショナリスティックな主張は、危険な主張と言わざるを得ないだろう。日本国民の一人一人の生命、財産を守り、健全なわが国を次の世代に引き継げるように努力するのが政治の営みというものだ。

「人はパンのみに生きるにあらず」「武士は食わねど高楊枝」などといった言葉を持ち出し、精神論で自らの主張を押し通そうとする人々もいるだろうが、そういう人々は政治に向かない人々だ。理念を放棄してはならないのは当然だが、政治の世界において、理念に溺れた観念論、情緒に溢れた楽観論は、百害あって一利なき議論と言わねばならない。

日米同盟を基軸とした安全保障体制

日本を守るための三つ目の戦略は、他国と緊密な関係を構築し、互いに守りあう形で国家の独立を守るという方法だ。

私は現実的にはこの選択が最も合理的かつ安全な方法だと考えている。そして多くの日本国民も、具体的には、日米同盟を基軸とした安全保障体制を是とするのではないだろうか。同盟、国際的なネットワークによって自国を守ろうと考えるのは、実に現実的な選択である。

二〇一四年、ロシアが実力によってクリミア半島を併合したが、この攻められた側のウクライナはNATOに加盟していなかった。NATOに加盟していた場合、ロシアが力づくでクリミア半島を併合することはできなかった可能性が高い。なぜなら、NATOの加盟国に攻め込んだ場合、NATOのほかの加盟国は集団的自衛権を行使して、その加盟国を守ることになっているからだ。ロシアは全ヨーロッパを敵にまわし、アメリカをも敵にまわすような全面的な戦争を遂行しようとはしなかったはずである。

ウクライナの悲劇は、NATOの加盟以前にロシアに、実力行使されてしまった点にある。

同盟関係を結ぶことによって、国家は単独防衛をする際以上の実力を有することになる。この実力が抑止となり、戦争を未然に防ぐことへとつながるのだ。

ウクライナがNATOに加盟していた場合、ウクライナの背後にあるNATOの存在、そして米軍の存在が、強大な「抑止力」となるのである。

したがって、日本が採るべき基本路線は、「非武装中立」でも「自主防衛」でもなく、日米同盟を基軸とした安全保障政策ということに落ち着くだろう。

日米同盟が日米両国にとって利益であると説くケント・カルダー氏は、次の四つを利点として挙げている。（ケント・カルダー『日米同盟の静かなる危機』ウェッジ、二一頁）

①日米の深刻な対立を防ぐ。

②アジアの勢力均衡に不安定要素が現れるのを防ぐ。

③悲劇的にも核戦争を直接経験した国が二度とその経験を繰り返さないことを保証する。

④日米の利益に敵対するものが西大西洋地域を支配するのを防ぐ。

①と③は重なる部分があるが、基本的には、この指摘の通りだろう。日米同盟が存在する限り、日本とアメリカで事を構えることはないし、西大西洋地域の平和と安定が維持される。

非常に理にかなった同盟と言ってよいのだが、その誕生から振り返って見ると、日米同盟は根本的な問題を抱えている。

もちろん、世の中の制度に矛盾や欠陥が一つもないなどということは想定できない。だから、一度構築された制度は、常にその欠陥を探し、対処する方策を考えていかねばならない。

日米同盟が抱える根本的な矛盾

日米同盟の根本的な矛盾は、その非対称にある。

通常の同盟であれば、日本が攻められた場合、アメリカが助け、アメリカが攻められた場合、日本が助ける。

だが、日米同盟は、アメリカは日本を助けるが、日本はアメリカを助けない。

この非対称は、あまりにも歪んだ構造に思われる。

だが、専門家の見地からすると「相互性」は担保されているという。

たとえば、旧安保条約の締結交渉に関わり、サンフランシスコ講和会議にも出席した西村熊雄は次のように説いている。

「安保条約は、一言にいえば、日本は施設を提供し、アメリカは軍隊を提供して日本の防衛を全うしようとするものである。物と人との協力である。相互性は保持されている」（西

村熊雄『サンフランシスコ講和条約・日米安保条約』中公文庫、四七～四八頁）

少しわかりにくいかもしれないから、具体的に説明しよう。

確かに日米同盟においては、アメリカは日本を守る。しかし、日本はアメリカを守らない。この部分だけをみれば、この同盟はいかにも歪《いびつ》で非対称な同盟だ。

だが、逆の面からみるとこうも言える。

アメリカは日本の基地を利用し軍隊を展開するが、日本はアメリカの基地を利用し軍隊を展開することはない。そして、日本はアメリカの基地使用に関してさまざまな支援をする。

つまり、アメリカは「人」、すなわち「軍隊」を担い、日本は「物」、すなわち「基地」を担うという意味において「相互性」があると解釈することも可能なのだ。

確かに、アメリカにとって日米同盟が何の利益ももたらさず、コストのみがかかるのであれば、六〇年以上の長きにわたって同盟関係が維持され続けたはずはない。

両者にとって利益が存在したからこそ、日米同盟は維持され続けてきたのだ。

海上自衛隊で海将を務めた香田洋二氏は、アメリカの世界戦略における日本基地の重要性を次のように説明している。

「アメリカの軍事力は以前よりも低下していますが、それでも現在、自分の意志で世界のどこにでも行き、軍事的な影響力を行使できる国がアメリカ以外にないことも事実です。それだけの機動力を確保できているのは、広大な太平洋に基地があるからにほかなりません。（中略）しかも、日本の場合、単に基地があるだけではなく、燃料や弾薬をしっかりと備蓄する施設もあります。（中略）アメリカがアメリカとしての存在感を示そうとし続けるかぎり、在日米軍基地は絶対に手放せないのです」（香田洋二『賛成・反対を言う前の集団的自衛権入門』幻冬社新書、一〇〇〜一〇一頁）

アメリカが世界の中で超大国であり続けようと願う限り、日本の米軍基地を失うわけにはいかないのだ。だから、日本に米軍基地が存在することは、アメリカにとっても大きな意味を持った。

確かに、専門家の見地からすれば、この通りなのだろうが、やはり「人」と「物」は等価ではないというのが、人間の感情というものだろう。やはり、この日米同盟は非対称であり、不公平なのではないかと思う人が存在する可能性を否定することはできない。

たとえば、二〇一五年九月時点で、共和党の候補指名争いに参加している右派のトランプ氏は、次のように激しい主張をした。

「日本が攻撃されれば、米国は助けに行かなければならない。だが、われわれ（米国）が攻撃を受けても、日本は助ける必要はない。日米安保条約は不公平だ」（『産経新聞』二〇一五年八月二八日）

会場の多くの人たちがトランプ発言に賛同したという。

こうした発言は右派のトランプだけのものではない。米国事情に詳しいジャーナリストの古森義久氏によれば、左派の中にも同様の意見を持つものがいるという。

下院外交委員会の二〇一五年七月一五日の公聴会でブラッド・シャーマン下院議員が日本を批判したという。

「9・11同時テロでアメリカ人が三〇〇〇人も殺されたとき、同盟諸国はみな集団的自衛権を発動して支援してくれた。だが日本はそうしなかった。日米同盟だけは片務的だからだ。自国の防衛負担をアメリカに押しつけるのだ。こんな同盟は前世紀の遺物であり、二一世紀には合わない」（古森義久「THIS WEEK 国際」『週刊文春』二〇一五年九月一〇日号）

専門家の目から見れば、十分に合理的な関係であっても、やはり「人」と「物」とを等価に扱うわけにはいかないというのが人情というものだろう。アメリカは日本を守るが、日本はアメリカをまったく守らない。ここに不条理を感じるアメリカ人が存在することは無視できない。

世界規模の危機に「カネ」で済ませた日本

ここからは、日米同盟を根本から揺るがしかねなかった湾岸戦争を振り返りながら、「人」の重要性について考えてみたい。

現在、我々はその意義の大きさについてあまり考えることがないが、湾岸戦争は、冷戦後の新秩序を考える際の重要な出来事であり、一つの分水嶺であった。

一九九〇年八月二日午前一時、サダム・フセイン率いるイラク軍がクウェートに侵攻した。サダム・フセインがクウェート国境に大軍を集結していることは、クウェート政府も確認していた。七月二一日にサダムは一個師団二万の兵を国境に派遣し、二六日にはさらに三万の兵を追加し、八月一日には八個師団一四万の兵が国境付近に展開されていた。

しかし、クウェート政府、そしてアメリカ政府も、これらはサダムの恫喝にすぎないと見なしていた。なぜなら、エジプトのムバラク大統領がサダムから直接、クウェートを侵攻しないとの言質を取りつけていたからだった。

サダムは自らの言葉を翻し、突如、クウェートに侵攻した。クウェートは為す術もなく陥落した。

アメリカはサダムの侵略行為に対して、米軍をサウジアラビアに派遣することで対抗した。サダムはクウェートのみで満足するのではなく、多くの油田を有するサウジアラビアの巨万の富をも狙っているとの判断からだった。サウジアラビアの巨万の富を守る「砂漠の盾作戦」が展開されることが決定した。

八月八日、第一陣としてサウジアラビアに派遣されたのは、第一戦術戦闘航空団のF15戦闘機四八機、第二空挺師団の即応旅団二三〇〇人だった。

一〇万を超えるイラク軍に対して、劣勢そのものだった。サウジアラビアを守る盾となるはずであったが、それは見かけだけの「盾」にすぎないという状況が続いていた。

この時点で、サダム・フセインが総攻撃を仕掛けてきた場合、米軍が総崩れになる可能性も否定できなかった。だから何よりもアメリカが急いだのは、輸送だった。いくらアメリカが精強な軍隊を擁していても、サウジアラビアに派遣できないことには、何の役にも立たない。

だが、アメリカの海上輸送力は貧弱だった。

八月一四日、首相官邸の電話が鳴った。ホワイトハウスからの電話であった。ブッシュ大統領から直接、海部俊樹首相へと電話がかかってきたのだ。

そのやりとりは以下のようなものだったという。

ブッシュ大統領「こんどの事態（イラクによるクウェート侵攻・併合）は、第二次大戦以来の国際政治の分水嶺だ。日本も、われわれの共通の利益を守るということに完全にコミットしているというシグナルを送ることが、いま世界にとって重要だ。そういう意味で、日本が掃海艇や給油艦を出してもらえれば、デモンストレーションになる。日本が米国に完全にコミットしていることを世界に強く知らせることが大事だ。ソ連でさえ、海軍による貢献を示唆している」

海部首相「日本としてできる限りのことをやるつもりです。しかし、軍事的には、憲法、国会の論議、『国是』の問題もあり、なかなか難しい」

ブッシュ大統領「日本の憲法上の制約はわかっているが、それに抵触しない兵站の分野で考えてもらえないだろうか」（国正武重『湾岸戦争という転回点』岩波書店、二三頁）

日本も憲法九条の範囲内でアメリカに協力して欲しいというのが、ブッシュ大統領の本音だった。とりわけ輸送は急務だった。何しろ、準備が整う前にサダムが一気に総攻撃を仕掛ければ、サウジアラビアに展開していた米軍は壊滅し、サウジアラビアがサダムの勢力下におかれる可能性が否定できなかった。

八月二八日、丹波實北米局審議官が訪米し、国務省関係者、国防総省関係者と協議した。日本を見る眼は冷ややかで、丹波氏は至急「日米のギャップは極めて深刻」と電話報告した。

電話報告ではなく、ファックスでメモを送るように命じられた丹波氏の作成した文書（いわゆる「丹波メモ」）には次のような文言が見える。

「少なくとも過去長きに亘り日米関係に関係して来た者として、常に事が起ると日本に対する米国の期待と日本の対応との間にギャップがあったことを知って来ましたが、今程このギャップの大きいことなし。（中略）ギャップは極めて深刻」

「この際〝金〟で解決するよりなし。外国の飛行機でも船舶でも思い切って大量にチャーターしたらどうでしょうか」（国正前掲書、三七～三八頁）

だが、日本は何もできなかった。

政府はタンカーを提供できなかった。ただし、一つの例外があった。それが、政府が民間から一隻の船を借り上げて米軍物資の輸送に提供した平戸丸だ。

だが、この平戸丸に関して、米軍は不要だと言った。なぜなら、平戸丸の出港時期があまりに遅く、すでに配船計画が決定していたからだ。断られると、日本政府は、平戸丸を使ってくれるように米軍に嘆願することになった。アメリカの期待に応えることは何ひとつできなかったのだ。

一一月二九日、国連安保理は多国籍軍によるイラクへの武力行使を容認する国連安保理決議678を決議した。国連安保理で決議に反対したのは、キューバとイエメン、棄権したのは中国だった。アメリカと冷戦を戦ったロシアは賛成に回ったのだ。

これは画期的な決議だった。冷戦の中で機能しなくなってしまった集団安全保障が機能する可能性が見えて来たからだ。

なお、イエメンが国連決議に反対したのは、人道上の問題等々ではない。サダムがサウジアラビアなどを併合したあとに、分け前をイエメンに割譲することを密約していたからにほかならなかった。だから、アメリカの動きも迅速だった。二日後にイエメン政府に対して七千万ドルの経済援助中止を通告している。

国連決議を得たアメリカは、着々と準備を進めた。

翌年一月一七日、アメリカを中心とした多国籍軍は、「砂漠の嵐」作戦を開始した。徹底した空爆でイラク軍を攻撃した。そして二月二四日には、地上部隊を投入する「砂漠の剣」作戦が展開され、二月二七日にはクウェートが解放された。

湾岸戦争に関して、日本は莫大な資金を拠出することになった。総額一三〇億ドル（約一兆五千億円：当時）。結局、日本は、現金を支払うことで「貢献」しようとした。日米同盟が「人」と「物」との同盟であることを確認するかのように、文字通り「金」だけで済ませようとした。だが、こうした資金援助だけで、アメリカを始めとする世界各国は納得しなった。

有識者から怒りの声が飛んできた。

「日本はカネを出し、汗はかいても、血を流そうとしない」（アマコスト駐日大使）

「米軍がサウジアラビアの砂漠の前線に出ている時に、なぜ隣の砂丘には日本の軍隊がいないのか」（ドナルド・リーグル上院議員）

世界規模の危機に際して、巨額の資金提供をしながらも、感謝されず、さげすまれた日本。当時の状況をジャーナリストであった井尻千男氏は次のように鋭く指摘した。

「一九九〇年の八月二日にはじまる湾岸危機と戦争は、モラトリアム国家日本に決済を迫った事件だった。この湾岸地域から石油消費量の七〇パーセントをあおいでいる日本経済としては、死活の問題だったにもかかわらず、ついに何もできなかった」（井尻千男『言葉を玩んで国を喪う』新潮社、二〇九頁）

戦後日本の大きな転機――ペルシャ湾に掃海艇派遣

「モラトリアム」とは、「猶予期間」のことを意味する。つまり、決断すべきことを決断しないまま、猶予期間として過ごし続け、いまだにその猶予期間にとどまろうとする日本の姿勢を井尻氏は「モラトリアム国家」と評したのだ。

実に的確な表現だと言ってよい。敗戦直後の日本であるならば、世界規模の危機に際して、何の貢献もできなくとも、非難される筋合いはあるまい。何しろ、国土は荒廃し、自国の戦後復興に取り組まねばならなかったのだから、他国のことを助ける余裕がないのは当然だ。

だが、日本は奇跡的な戦後復興を成し遂げた。世界でも有数の経済大国となった日本は、世界の危機に際して、何をなしうるのか？

それは、日本が戦後復興を遂げた際に、考え始めなければならない課題であった。いわば、この時点で決済が迫られてもおかしくはなかった。

だが、日本はモラトリアム状態にとどまり続けた。日本がモラトリアム国家でいられたのは、言うまでも「冷戦」が存在していたからだ。冷戦下、日本は西側諸国の一員として、憲法九条を掲げ、ひたすら経済活動に勤しんでいればよかった。面倒な国際問題が起こる際には、必ず米ソ間で交渉がなされ、日本は蚊帳の外という状況が続いた。だから、日本は自国が世界の危機の際に、何をなすべきか、ほとんど考えてこなかった。

その例外的な事例が、八〇年代に勃発したイラン・イラク戦争の際の、掃海艇派遣をめぐる議論であろう。

イランとイラクで激しい戦闘が行なわれ、民間のタンカーが危険にさらされた。このとき、民間船舶護衛のための多国籍艦隊を組織するので日本も参加して欲しいとの要請がアメリカからきた。中曽根総理はアメリカからの要請に対して、積極的な姿勢を示した。

これに対して、強硬な反対姿勢を示したのが当時の後藤田正晴官房長官だった。後藤田官房長官は、この問題を閣議にかければ、自分は署名しないとまで言って、強く反対した。

のちに後藤田官房長官は、その理由を語っている。

「ペルシャ湾は交戦海域じゃありませんか。その海域に武装艦艇を派遣して、タンカー護衛のための正当防衛だ、自衛権だと言ってみても、相手側は日本が戦争行為に入ったと見る。他国の交戦海域に入っていながら、自衛だと言ってみても、それは通りますか」「これは戦争参加になりますよ。果たして、国民にその覚悟ができていますか。まだそこまでできていない。憲法上はもちろん駄目ですよ」（国正前掲書、三一五頁）

後藤田の強硬な姿勢を目にした中曽根は、掃海艇の派遣を断念することになる。

この後藤田の逸話は、近年、よきリベラルの逸話として語られることが多いが、疑問も残る。日本の多くのタンカーが、このあともペルシャ湾から日本へと石油を輸送してきた。その際、タンカーを守ったのは、アメリカを始めとする他国の軍隊である。日本の自衛隊は危険だからタンカーを守りに行かないが、石油の輸送はしたいので、他国の軍隊に守ってください、というのではあまりに虫のいい議論ではないだろうか。これだけ図々しい議論が、まるで美談のように語られているところに、モラトリアム国家特有の傲慢さを感じるのは私だけだろうか。

湾岸戦争は、間違いなく日本に、モラトリアム状態が許されないということを実感させた事件だった。

戦後日本の大きな転機となったのは湾岸戦争後、ペルシャ湾に自衛隊の掃海艇を派遣したことだろう。戦争が終結したあとも多数の機雷が海中に残存し、船舶の航行の妨げとなっていた。

派遣の決断は、国際貢献の立場から考えれば、十分に歓迎される決断であったが、当時、自衛隊を海外に派遣する法的根拠が脆弱であった。政府が派遣の根拠とした法律は「自衛隊法第九九条」であった。そこには、「海上自衛隊は、長官の命を受け、海上における機雷その他の爆発性の危険物の除去及びこれらの処理を行うものとする」と定められており、機雷の除去および処理する場所は明示されていない。

落合《おちあい》畯《たおさ》一等海佐（第一掃海隊群司令）を指揮官として、掃海母艦「はやせ」、掃海艇「ひこしま」「ゆりしま」「あわしま」「さくしま」、補給艦「ときわ」の六隻の艦艇と、隊員五一一名で編成されたペルシャ湾掃海部隊が日本から出港したのは、一九九一年四月二六日のことであった。

掃海艇部隊の指揮官だった落合氏が詳細で貴重な回想録を記している。以下の記述は、その回想録を参考にさせていただいた。なお、回想録は月刊誌『軍事研究』（ジャパン・ミリタリー・レビュー）の二〇一三年九月号から二〇一四年四月号まで「ペルシャ湾掃海艇回想録」として連載されている。

呉港から「はやせ」に乗り込むと、警備のために、海上保安庁の巡視船が約二〇隻が並んでいた。だが、それ以上の約六〇隻にもなる反対派がチャーターした漁船が赤旗の幟を立て、ハンド・マイクの音量をいっぱいにあげて、「海外派兵、反対」と騒ぎ立てていた。

これをみた落合氏は「ひょっとすると、オレ達は、何か悪い事をしに行くのかな？」と錯覚したという。

遺棄された機雷を除去することは日本のためだけでなく、世界中の多くの国々ために貢献する行為にほかならない。名誉ある仕事ではあるが、極めて危険な仕事であるから、どうぞ頑張ってきてほしい、というのが、素直な感情だと思うが、どうやら、そう思わない人も多いらしい。「赤旗の幟」を立てて、「海外派兵、反対」。いつも、この手の人々は主張もやり方も同じだ。

派遣された自衛官たちの仕事ぶりは、過酷極まるものだった。

「高温多湿、砂塵に煤煙、おまけに機雷付きのペルシャ湾で、真夏を過ごした二〇歳前後の、この若い隊員達が、約四か月間にわたり従事した『湾岸の夜明け作戦』は、まさに３Ｋ

（きつい・きたない・きけん）そのものであった。毎朝四時半に叩き起こされ五時に出港、日の出の五時半に合わせて機雷危険海域に進入、日没三〇分後の夜七時半ごろまで、延々一四時間、緊張した機雷との戦いに、一か月間ぶっ続けで従事した」（前掲誌、二〇一四年一月号、一五四〜一五五頁）

文字通りの激務である。しかも、危険な激務なのである。尊い仕事だと言っていい。これだけの危険な作業に従事した日本人に対する、現地の人々の態度は徐々に変わっていったという。

現地では、湾岸の復興に貢献してくれた各国に感謝の意を込めて、各国の国旗を背中に描いたTシャツが販売されていたという。アメリカ、イギリス、カナダ、フランス、ドイツ等々の国旗が描かれており、各国の艦艇乗組員は、艦が港に上陸すると、そのTシャツを着て、堂々と繁華街を闊歩していたという。

だが、日の丸はそのTシャツに描かれていなかった。一三〇億ドルという巨額の資金を拠出している日本の国旗は描かれていなかったのだ。

しかし、派遣部隊が作業を開始して、現地の新聞で大きく報道されると、Tシャツの中に日の丸が入ったという。

落合氏は言う。

「資金のみの協力と実際に現地にきて、実作業で汗を流した人的貢献をする効果の差を痛切に感じさせられた」（前掲誌、二〇一四年二月号、一四八頁）

そして、何よりも衝撃的なのが、次の逸話であろう。各国の海上指揮官、幕僚たちが親睦を図るための懇親会でのことだ。

イラン・イラク戦争の際、日本がタンカーを護衛するために自衛隊を派遣せず、NATOの海軍艦艇が護衛していたことが話題になり、落合氏は問われた。

「自国のエネルギー源の八〇％以上を中東地域から輸入している日本のタンカーを、何故我々が守らなければならないのか？」

湾岸戦争の際の日本の対応についても、批判の声が上がり、落合氏は答えた。

「日本人だって一三〇億ドル、つまり日本国民大人一人が一万円ずつ払って立派に貢献している」

すかさずに反論された。

「一人一万円か、つまりニヤリー・イコール一〇〇ドルだな、一〇〇ドルさえ払えばペルシャ湾にこなくてもいいのであれば、俺が今ここで払ってやるよ」

落合氏はグーの音も出ず、悔しまぎれにカティ・サークの水割りをがぶ飲みするよりほかなかったという。（前掲誌、二〇一四年二月号、一四九頁）

日本では、掃海艇をペルシャ湾に送ることに反対した後藤田正晴官房長官の言論がもてはやされ、海外からは掃海艇を送らなかったことを非難される。

この差異こそが、「モラトリアム国家」と「普通の国」の差異にほかならなかった。

おそらく、こうした差異を見事なまでに端的に表現したのが、湾岸戦争当時外務省事務次官を務めていた栗山尚一氏のひと言だろう。

彼はある会議で自衛隊について話が及んだ際、次のように言い放ったという。

「僕は、自衛隊というものは結局モンスターだと考えている」（手嶋龍一『一九九一年日本の敗北』新潮社、一五一頁）

命懸けで祖国の平和、そして、ときに世界の人々の平和のために危険な任務に従事する人々をして「モンスター」と表現するような人間は、日本以外ではほとんど見いだすことができないのではなかろうか。

自衛隊は海外に派遣した場合、「モンスター」としての真の姿を表してしまうかもしれない。だから、日本の国際貢献に自衛隊を利用することはできない。日本は、自国の平和を守るためだけにモンスターを利用すればいい。そして、他国のこと、これには無関心を決め込めばいい。

このような傲慢で、都合のいい虚構の世界観では通用しない。

それが湾岸戦争が突きつけた真実だった。

機能しなくなった「集団安全保障」の枠組み

当時、最も鋭敏に時代の流れを感じとっていたのが、自民党幹事長小沢一郎氏だった。小沢氏は、湾岸戦争に自衛隊を派遣することを考えていた。

彼が根拠とするのは、憲法でその行使が違憲とされていた「集団的自衛権」の行使の一環ではない。「集団安全保障」の枠組みの中に、この問題を位置づけ、突破口を開こうと考えた。

小沢氏はのちに何度もこのことを語っている。

「かつてイラクによるクウェート侵攻に際して、国連が対イラク武力行使容認決議をしたとき、僕は『世界平和を守るためにも断固、日本も多国籍軍に自衛隊を参加させるべきだ』と主張した。それが国際協調による世界平和実現を旨とする日本国憲法の理想にも適うことだと考えたからだ」（小沢一郎『小沢主義』集英社インターナショナル、一五五頁）

「僕は『国連の旗の下に行われる平和維持活動（ＰＫＯ）や国連平和維持軍（ＰＫＦ）はもとより、多国籍軍にも日本は積極的に参加すべき』『危険地域であっても血を流す覚悟を持っていくべきだ』とし、専守防衛に徹する自衛隊とは別組織の国連待機部隊の設置を訴えてきた」（小沢一郎『剛腕維新』角川学芸出版、七九頁）

「政局の人」と評されることが多い小沢一郎氏だが、この国連中心主義の考え方そのものは、湾岸戦争当時から一貫している。そして、仮に多国籍軍に日本の自衛隊が参加するためには、必要最小限度の個別的自衛権の行使のみを容認している憲法解釈を変更しなければならないはずだが、小沢氏は、憲法解釈の変更についても極めて前向きだった。

これは湾岸戦争が終わってからの国会での発言だが、小沢氏は次のように主張している。

「日本にとって世界の平和と安定こそ最大の国益であります。今や、安全保障、経済活動、環境問題などあらゆる分野において、地球的規模での相互依存関係が強まっており、世界の国々との協調なしには生きていけない時代となっております。これまでのように、日本だけが繁栄すればよいという一国繁栄主義、日本だけが平和であればいいという一国平和主義では、もはや世界の人々から信頼される国家にはなれません」

「官僚主導、役人依存の政治の実態は、国家の基本である安全保障政策まで及んでおります。今日まで自民党の内閣は、すべて法制局の言うがままになっているのであります。しかし、実態とかけ離れ、ひいては国家の存立を危うくする内閣法制局の支配、すなわち官僚支配による憲法解釈は根本的に改めなければなりません」（一九九八年八月一一日、衆議院本会議）

小沢一郎氏の主張は、湾岸戦争当時の構想としては、おそらく、当時の多くの日本人からすれば、「過激」なものだったかもしれないが、ある意味で的確なものであったといえよう。

小沢氏は「一国平和主義」を批判する。自国さえ、平和でありさえすれば、構わないという態度を変えなければならないと考えている時点で、小沢氏はモラトリアム状況から脱して、ある種の決済を実行しようとしていた。

彼の集団安全保障に関する主張は、ある意味では、国連の手続きを経た決定ならば、わが国の存立に関わりなく、自衛隊を海外に派遣し、戦争にまで参加させることができるというのだから、「一国平和主義」や「非武装中立」とはまったく異なる。彼は日本の国際貢献を視野に入れて政策を提言していた。そのためには、内閣法制局による憲法解釈を根本的に改めるべきだとも主張している。

小沢氏の「集団安全保障」に関する議論はなかなか筋が通っているし、私も、この主張に基本的に賛同する一人だ。日本だけが平和でありさえすれば、それでよしとする議論は、あまりに傲慢な利己主義だ。世界平和と安定のために、日本が「集団安全保障」の枠組みの中で貢献できることを考え、実践して行くことは、リスクを背負う行為ではあるが、正しい選択であろう。

だが、小沢氏の集団安全保障構想の致命的な欠陥は、国連が機能しない際の、すなわち、集団安全保障がうまく機能しない際のことが想定されていない点だ。湾岸戦争では国連安保理において、中国が棄権に回ったものの、ロシアが賛成した。これは米ソ冷戦の終焉を象徴する瞬間でもあった。

しかし、湾岸戦争から二〇年以上の歳月を経た今日、国際情勢は大きく変動した。たとえば、ウクライナの問題では、ロシアが当事国となっているために、集団安全保障が機能しなくなっている。中国が当事国となった場合も、同様に集団安全保障は機能しないだろう。湾岸戦争当時のように、国連の安保理決議が円滑に出せない状況に戻りつつあるといってよいだろう。こうした状況下で、日本はどのように動くべきなのか、ここを論じなければならない時代になった。

おそらく、小沢氏の主張を貫徹すれば、次のような議論になるだろう。

国連安保理決議が出ていない状況で、自衛隊を海外に派遣することはできない。

小沢氏は次のように言う。

「私は日本国憲法の考え方からいって、米国であれどの国であれ、その国の自衛権の行使に日本が軍を派遣して協力することは許されないと解釈しています。同時に、国連の活動に積極的に参加することは、たとえそれが結果的に武力の行使を含むものであっても、何ら憲法に抵触しない、むしろ憲法の理念に合致するという考えに立っています」（小沢一郎「今こそ国際安全保障の原則確立を」『世界』二〇〇七年一一月号、一五〇頁）

要するに小沢一郎氏の論理は終始一貫している。日本国憲法の第九条の範囲で許される活動は、「個別的自衛権の行使」と「集団安全保障への参加」に限られており、「集団的自衛権の行使」には反対ということだ。そして、「集団安全保障への参加」のためならば、日本の自衛隊、国連待機部隊等が「血を流す」ことも厭うべきではないというのだ。強固な国連主義者といっていいだろう。

「集団安全保障」から「集団的自衛権」の時代へ

だが、小沢氏が望むほど、国連は適切に機能しないのが現実なのだ。プーチン大統領がクリミア半島を力づくで併合してしまったが、これはフセインがクウェートを併合してしまったことと極めて似ている。歴史的経緯云々の主張はあるが、国境を実力によって変更するのが許されないというのが「常識」だった。

だが、国連は、プーチンのクリミア併合に関して、無力だった。二〇一四年三月二七日、「国際連合総会決議68／262」が賛成多数で可決されたが、現実は何も変わらなかった。

あまり知られていないので、この決議の結論の部分を紹介しておこう。

（1）ウクライナの国際的に認められた国境の範囲内での主権、政治的独立、統一および領土保全に対する総会の公約を確認する。

（2）すべての国家に対し、武力の威嚇または使用もしくは他の違法な方法を通したウクライナの国境を変更するいかなる試みを含む、ウクライナの国民的統一および領土保全の部分的または全体的破壊を目的とした行動を止め、また自制することを求める。

（3）すべての当事者に対し、直接の政治的対話を通したウクライナに関する状況の平和的解決を直ちに追求し、自制を働かせ、一方的行動と緊張を高める扇動的な言葉遣いを慎み、そして国際的な仲介努力と十分に関わることを促す。

（4）少数者に属する人の権利を含む、ウクライナにおけるすべての人の権利を保護することにおいてウクライナを支援する国際連合、欧州安全保障協力機構並びに他の国際的および地域的機構の努力を歓迎する。

（5）正当性を有していない、二〇一四年三月一六日にクリミア自治共和国およびセバストポリ市で行なわれた住民投票は、クリミア自治共和国またはセバストポリ市の地位の変更の基礎を形作ることはできないことを強調する。

（6）すべての国家、国際機構および専門機関に対し、前述の住民投票を基礎としたクリミア自治共和国およびセバストポリ市の地位のいかなる変化を認めないこと、そしてそのような変更された地位を認めることとして解釈され得る行動または取扱を慎むことを求める。

この採決は、「正論」を主張している。これまでの国際社会が「常識」としてきたことを確認しているのだ。だが、現在、こうした「常識」は覆されたままだ。ロシアはクリミア半島を併合し、返還する気など毛頭ない。残念ながら、この現実を変える力は国連に存在しないのだ。

前述したように、仮にウクライナがNATOに加盟していた場合、ロシアはNATO加盟国との全面的な戦争に発展することを恐れ、クリミア半島の併合を実行しなかった可能性が高い。NATO諸国は、互いに集団的自衛権を行使することによって各国の抑止力を高めている。ウクライナの悲劇は、ウクライナがNATOに加盟する以前に、ロシアに実力行使されてしまった点だ。

集団安全保障が機能しない場合、個別的自衛権、集団的自衛権を行使して、自国、そして地域の平和と安全を守るしか方策はない。集団安全保障は理念として正しいし、これが機能する際には、日本も参加すべきであろう。だが、常に集団安全保障が機能すると考えるのは、率直に言えば幻想にすぎない。

我々は、国連幻想、集団安全保障幻想に浸って、目の前にある危機から目を背けるわけにはいかないだろう。「集団安全保障」の時代から「集団的自衛権」の時代に移行しつつあるのが現実なのだ。

次に具体的な事例を考えてみたい。中国の動向だ。

中国の軍事的覇権主義

中国は過去一〇年間で国防費を四倍にして、軍備拡張に努めている。この異常なまでの軍備拡張からは、明らかに侵略主義的な意図を感じざるを得ない。

「中国の覇権主義」「中国は脅威となり得る」と言うと、まるで極端で非常識な主張であると思われがちだが、それは誤解である。

もちろん、私は「中国と一戦交えろ」などと主張するつもりはない。あくまで日中の友好関係が発展することを願う一人だ。しかし、日中友好という観念に溺れて、相手が何をしようとしているのか、そして、何をしてきたのかを冷静に分析することを怠ってはならないと考えている。こちらが好意を持てば、相手も好意を持つはずだという、多くの日本人が好む「常識」は、残念ながら、国際政治では通用しないことも多いのだ。

中国が何を意図し、何をしてきたのか？

冷静に分析する際に、重要な概念が「戦略的辺疆（辺境）」という概念だ。

我々には「国境」という概念がある。この国境を実力で変更させることができないというのが、我々の常識であり、確立された規範であった。だから、実力でクリミア半島を奪取し、国境の変更を実現したロシアに対して、多くの国々が非難の声をあげたのだ。

しかし、中国では、この「国境」とは異なる「戦略的辺疆」という概念が大きな意味を持つという。中国研究者の平松茂雄氏は、この概念を説明した中国軍の機関紙である『解放軍報』を紹介している。

「（戦略的辺疆は）領土・領海・領空に制約されず、総合国力の変化に伴って変化し、相対的に不安定性と不確実性をもっている」（平松茂雄『中国は日本を併合する』講談社インターナショナル、七二頁）

まず確認しなくてはならないのは、この「戦略的辺疆」という概念が「領土・領海・領空」に制約されないということだ。要するに、国際社会の秩序の根本である国境という概念には制約されていない領域概念であることがわかる。そして、その領域は国際法に従って定められるのではなく、「総合国力」によって決定する。「総合国力」というものは、不変のものではない。刻一刻と変化するものだ。

中国は、この変化する「総合国力」に応じた「領域」を「戦略的辺疆」と名付けるのだ。だから、「総合国力」が乏しい時機には、「戦略的辺疆」は小さな領域しかない。だが、「総合国力」の高まりとともに、「戦略的辺疆」は拡大して行くことになる。

要するに、これは力の哲学なのだ。法と秩序ではなく、力によって、無理やり国境の変更が可能であり、力に基づいて領域を支配するという考え方なのだ。

こうした「戦略的辺疆」の概念は、机上の空論ではなかった。

中国は実際に、力の空白が生じた際に、自らの「戦略的辺疆」を拡大してきたのだ。

一九九二年、中国は独自の「領海法」を定め、尖閣諸島、南沙諸島、西沙諸島を中国の領土であると規定し、南シナ海、東シナ海への軍事的野望を表明し始める。

実際に中国は、これ以前から具体的な行動をとっていた。たとえば、ベトナムに近い海域でサンゴ礁を軍事力で占領し、「中華人民共和国」の国旗を掲げ、わずか数人しか入れないほどの小さなサンゴ礁の上に小さな小屋を建てる。

なぜ、小屋を建てるのか？

それは国際法と大きな関係がある。

「国連海洋法条約」によれば、満潮時に海面に露出していれば、「岩」であっても、「島」と認められる。しかし、人間が居住していない「島」は、「排他的経済水域」を主張することができない。それならば、無理やりが住んでいる状態を作りだし、「排他的経済水域」まで主張しようというのが中国の意図だ。

そして、話はここで終わらない。

当初、建築されるのはみすぼらしい小屋だが、時の経過とともに、そのみすぼらしい小屋が堅牢な人工構築物へとかわっていくのだ。

西沙諸島の北に位置するウッディ・アイランドは、ベトナムもその領有権を主張しているが、現在中国が実効支配している。すでにウッディ・アイランドは軍事基地となっており、二四〇〇メートルもの長さの滑走路が建設されている。

さらに、ベトナムから奪ったジョンソン南礁にも埋め立てて巨大な滑走路を作る計画があるとされ、フィリピンから奪ったスカボロー礁も、その実効支配を強め、滑走路を作る可能性がある。

南シナ海をまるで自分たちの海にしてしまおうとするかのような動きを中国が続けてきたという事実は否定することができない。

こうした中国の姿勢を平松氏は、次のように描き出している。

「徒手空拳で現地に乗り込み、一つの拠点から辺疆への拡大へと実効支配を完成していくパターン、そしてそこにある国際法を無視する姿勢は南シナ海に限らず、その後東シナ海でも一貫して追求され、着々と進行しているのである」（平松前掲書、八二頁）

南シナ海を自らの海にしようと考える中国は、必ずや東シナ海でも同様の行為に及ぶであろう。もちろん、彼らは「力」を重視するので、「力」が及ばない段階では動かないが、「力」が相手を凌駕したと判断した際には、動き出すことを肝に銘じておかねばなるまい。

少し前の記事になるが『朝日新聞』で、中国の軍事的覇権主義についての記事が掲載された。「空・海から奇襲…中国軍が離島上陸計画　領土交渉に圧力」とのタイトルが付されている。

「中国軍が、東南アジア諸国連合（ＡＳＥＡＮ）の国々と領有権をめぐって対立する南シナ海で、他国が実効支配する離島に上陸し、奪取する作戦計画を内部で立てていることがわかった。管轄する広州軍区関係者が明らかにした。現時点で実行に移す可能性は低いが、策定には、圧倒的な軍事力を誇示することで外交交渉を優位に運ぶ狙いがあるとみられる。

作戦計画は空爆による防衛力の排除と最新鋭の大型揚陸艦を使った上陸が柱で、すでにこれに沿った大規模軍事演習を始めている。中国は南シナ海を『核心的利益』と位置づけて権益確保の動きを活発化しており、ASEAN諸国や米国が懸念を深めるのは必至だ。中国は沖縄県の尖閣諸島をめぐっても領有権を主張しており、尖閣問題での強硬姿勢につながる可能性もある」(『朝日新聞』二〇一〇年一二月三〇日)

「攻めてくる国は存在しない」「軍事力を行使して自分たちの主張を通そうとする時代は終わった」などと主張する人々は、現実から目を背けているとしか言いようがないだろう。実際に、中国は、軍事力を行使して、自分たちの野望を満たすための計画を立案しているのだから、こうした動きに対応する必要があるのは当然のことと言わねばならない。

その意味では、次の『防衛白書』の分析は、極めて冷静で客観的な分析と言ってよいだろう。少々長くなるが、重要な分析なので引用しておく。

「中国は、東シナ海や南シナ海をはじめとする海空域などにおいて活動を急速に拡大・活発化させている。特に、海洋における利害が対立する問題をめぐっては、力を背景とした現状変更の試みなど、高圧的とも言える対応を継続させ、自らの一方的な主張を妥協なく実現しようとする姿勢を示している。わが国周辺海空域においては、公船によるわが国領海への断続的な侵入のほか、海軍艦艇による海自護衛艦に対する火器管制レーダーの照射や戦闘機による自衛隊機への異常な接近、独自の主張に基づく『東シナ海防空識別区』の設定といった公海上空における飛行の自由を妨げるような動きを含む、不測の事態を招きかねない危険な行為に及んでいる。また、南シナ海においても、一方的な領有権主張のもと、多数の岩礁において埋め立て等の活動を急速に推進するなど、周辺諸国などとの間で摩擦を強めているほか、戦闘機が米軍機に対し異常な接近・妨害を行ったとされる事案も発生している。このような中国の動向は、わが国として強く懸念しており、今後も強い関心を持って注視していく必要がある。また、地域・国際社会の安全保障上も懸念されるところとなっている」（二〇一五年度『防衛白書』）

東シナ海、南シナ海において中国が覇権主義、冒険主義に出ようとする事態は、我々にとって不幸以外の何ものでもないが、こうした現実を無視して、「日中友好」の観念だけでは、安全保障は成立しないだろう。

台湾有事と集団的自衛権の行使容認

これまで中国の問題を眺めてきたが、集団的自衛権の問題からは論じることがなかった。

ここからの議論が、集団的自衛権の行使と重要な関わりを持つ。

中国の軍事的な目標の中で優先されている目標は何か？

『防衛白書』では、次のように指摘している。

「特に中国は、台湾問題を国家主権にかかわる『核心的』な問題として重視しており、軍事力の強化においても当面は台湾の独立などを阻止する能力の向上を目指しているとみられる」

「台湾有事」は、常に論じられ続けてきた問題だが、これを論ずる際の論点こそが、集団的自衛権の行使についてなのだ。

国会での議論を眺めていても、ほとんど集団的自衛権の問題が台湾問題との関わりで論じられていないのが、非常に不思議であった。

管見に従えば、この問題に関して最も重要な答弁は、二〇一四年七月一四日の山田宏氏

（次世代の党）の質問に対する答弁だった

山田氏は問う。

「台湾有事、この場合についても、状況によったら集団的自衛権の行使はあり得るわけですね。この点だけ確認させてください」（二〇一四年七月一四日、衆議院予算委員会）

これに対して安倍総理の答弁は、次のようなものだ。

「集団的自衛権の行使については、これはあくまでも三要件に当てはまるかどうかということでありまして、この三要件に当てはまれば武力行使ができるということになるわけでありまして、個別的自衛権に対する三要件がやはりかかっていたわけでございますが、個別的自衛権においても、かつての三要件、古い三要件に当てはまるかどうかということで武力行使ができるかどうかということであったわけでありますが、今回は、集団的自衛権も含めて武力の行使は三要件ということになるわけでございます。（山田委員「台湾」と呼ぶ）

個別の事態について今つまびらかにお答えをすることは差し控えさせていただきたいと思いますが、あくまでも三要件ということでございます」

安倍総理の答弁は回りくどい表現に思われるが、なかなか慎重な答弁である。山田氏の質問は、簡単に言えば、台湾有事に際して、集団的自衛権の行使が可能なのか、という質問だ。これに対して安倍総理は、台湾有事という個別的な状況を想定して答えないという戦術だ。いわば集団的自衛権の行使が可能なのか、不可能なのかを正面から答えることを避けている。

だが、この場合、重要な点は安倍総理が台湾有事の際、集団的自衛権の行使が不可能だ、とは言明していない点である。逆に言えば、新三要件に当てはまれば、集団的自衛権を行使できると答弁しているのだ。

これこそが、政治が一歩前に進んだ瞬間というものだろう。

従来まで、この台湾有事の問題は、集団的自衛権とは別に論じられてきた。このこと自体が知的な怠惰であり、今まで集団的自衛権の問題が論じられなかったことの方が問題なのだ。「なぜ、集団的自衛権の行使容認を急ぐのか」と反対派は声をあげるが、本来は逆だ。「なぜ、集団的自衛権の行使容認を論ずることすらなかったのか」が問われるべきなのだ。

元海将の香田洋二氏は次のように語っている。

「周辺事態法で米軍への後方支援を規定したにもかかわらず、集団的自衛権に関する憲法解釈を見直そうとしなかったのは、厳しい言い方をすれば、知的怠慢だったと私は思います」（香田洋二『賛成・反対を言う前の集団的自衛権入門』幻冬社新書、五七頁）

これは私もまったく同感である。周辺事態法を定めた段階で集団的自衛権の行使を容認すべきであったと考えるからだ。

現在、日本有事には至らない「周辺事態」の発生時に、日本は負傷した米国戦闘員の救助・捜索、あるいは補給、輸送等で米軍に後方支援をすることが可能である。「周辺事態法」が想定するのは、あくまで日本は武力行使ができないという前提である。要するに、集団的自衛権の行使にあたる武力行使はいっさい認められていない。

しかも、精査してみると、この周辺事態法には、大きな欠陥があり、その部分を補う意味においても、今回の安倍総理の集団的自衛権の行使容認は意味があった。

「周辺事態法」で定義された「周辺事態」とは、以下の通りである。

「そのまま放置すれば我が国に対する直接の武力攻撃に至るおそれのある事態等我が国周辺の地域における我が国の平和及び安全に重要な影響を与える事態」

今回の安保法案で何度も話題になった新三要件は左の通りだ。

（1）密接な関係にある他国への武力攻撃が発生し、日本の存立が脅かされ、国民の生命、自由および幸福追求の権利が根底から覆される明白な危険がある（存立危機事態）。

（2）我が国の存立を全うし、国民を守るために他に適当な手段がない。

か。

（3）必要最小限の実力行使にとどまる。

「周辺事態」と「存立危機事態」が極めて近い概念であることがわかるのではないだろうか。

本来であれば、「周辺事態」についての対策を講じた際に、「集団的自衛権」についての議論を避けるべきではなかった。

集団的自衛権の行使を全面的に禁じた憲法解釈に基づいた周辺事態法が、おかしな法律であるというのは、その中身を読んでみると理解できる。「周辺事態」に至った際、自衛隊は米軍の「後方支援」が可能となっているのだが、そもそも「後方支援」が集団的自衛権の行使そのものではないかという批判が挙げられよう。確かに武力行使をしてはいないが、米軍と事を構えている敵からすれば、事を構えてもいないはずの日本が「後方支援」することを許容するはずがない。この「後方支援」は「個別的自衛権の行使」と呼ぶこともできないし、「集団安全保障への参加」と呼ぶこともできない。常識で考えれば、「集団的自衛権の行使」と考えられるだろう。

ここで、また、日本独自の神学的な安全保障概念が構築されているのだ。

それは、「武器・弾薬を提供する後方支援」と「武器・弾薬を提供しない後方支援」とに区別し、「武器・弾薬を提供しない後方支援」は、「集団的自衛権の行使」に該当しないという論理だ。

しかし、この論理は、現実的には破綻している。

なぜなら、「武器・弾薬」が禁止されていても、戦場にまで赴く燃料が提供されているのはなぜなのか、まったく意味が不明だからだ。

仮に米軍に「武器・弾薬」のみが枯渇した際、「そのまま放置すれば我が国に対する直接の武力攻撃に至るおそれのある事態」、あるいは「我が国周辺の地域における我が国の平和及び安全に重要な影響を与える事態」にありながら、米軍の援助要請を拒絶して、わが国に対する武力攻撃を待つことになるのだろうか。

現実的に考えてみれば、まことに馬鹿げた禁止事項だったと言わざるを得ない。本来であるならば「軍隊」と呼ぶべき組織を「自衛隊」と呼び、本来であるならば、「集団的自衛権の行使」と呼ばれるべき行為を、一部を限定的に禁止して区別して擁護する。自らの憲法解釈を守るために構築してきた神学的解釈だが、こうした愚かしい神学的解釈の根本にあるのが、憲法九条であることを忘れてはなるまい。

これに対し、集団的自衛権が限定的にではあるが行使が容認されたことによって、三要件を満たすと内閣が判断した場合、アメリカに攻撃を加えた中国に対して、自衛隊が攻撃を加えることが可能となった。

このことの意味は大きい。中国に対する大いなる抑止力となるといってよいだろう。

集団的自衛権の行使によって、日本が戦争に巻き込まれるという批判が多かった。

確かに、集団的自衛権を行使するということは、自国が攻撃されていないにもかかわらず、他国と事を構える可能性があることを意味する。

だが、仮に中国が台湾に侵攻した場合、「紅旗征戎わが事にあらず」と傍観していることが日本にとって正しい選択であると断言できるだろうか。台湾の防衛はわが国の安全保障にとっても重要な意味を持つのではないだろうか。一国だけが平和でありさえすればよいというのではなく、アジアにおける平和的な秩序が維持されることが大切なのだ。日本のみが平和であれば、朝鮮半島で戦争が勃発しようが、台湾有事が発生しようが、まったくの無関係であるという態度をとることは、わが国の国益を考えても不可能なことであろう。

もちろん、日本と無関係な侵略主義的な戦争をアメリカが開始した場合、これに唯々諾々と付き従っていくのが正しい選択であるとは思わない。だが、すべての戦争に参加しない、ということも必ずしも正しい選択とは言えないだろう。

たとえば、湾岸戦争の際、国連の安保理決議まで受けながら、日本の自衛隊は湾岸戦争に参加しなかった。多くの国々がそれぞれの形で国際貢献をしているなかで、日本だけが金を払うだけでよいのかは、多くの良識ある国民を動揺させた。

台湾に関しても、どうみても中国が侵略主義的な戦争をしたと仮定した場合、これを無視し、放置しておくことが正しい選択だとは思われない。

たとえば、実際にあった事態を検討してみよう。

一九九六年、台湾で史上初の民主的な総選挙が行なわれることになった。李登輝氏が民主化改革を実行したためだ。これに対して、中国は、軍事的な圧力をかけ、「李登輝を選出することは、中国との戦争を意味する」とばかりに、ミサイルを発射し、大規模な軍事演習を行なった。このとき、即座に動いたのがアメリカだった。アメリカは第七艦隊を派遣し、軍事的に中国を牽制した。

この台湾有事に関しては、「集団安全保障」は機能しない。なぜなら、そもそも台湾は国連に加盟していないし、また、中国自身が安保理の常任理事国である以上、自国に不利な制裁に関して、拒否権を行使するからである。

非・常任理事国の横暴な振る舞いに関しては、世界が一丸となって制裁を加える集団安全保障は有効だが、中国やロシアといった常任理事国の横暴な振る舞いに関しては、国連は機能をまったく果たすことができないのだ。

国連が機能しないのだから、そのまま放置しておけばよいというのは、結局のところ、目の前であからさまな不正義、侵略が行なわれていることを結果として是認することにつながるだろう。

三要件を満たす必要があるが、集団的自衛権の行使が容認されたことは、日本の平和のためだけでなく、アジアの安定のためにも寄与する政策であったといってよいだろう。

世界中が滅びても、日本だけが栄えていればよい、という態度では、国際社会の中で信用を失うだけだ。日本も大国として、地域の安定のために貢献するということは、世界規模の平和の観点から見ても望ましいものだろう。

第６章　ＰＫＯ活動の新たな一歩

とにかく自衛隊を海外に派遣させたくない『朝日新聞』

一九九一年から一九九二年の六月に至るまで、日本全国で国連の平和維持活動（ＰＫＯ）の話題で持ちきりであった。

湾岸戦争の際、すべてを「金」で解決しようとした日本は、国際的な孤立を深めた。これを受けて、冷戦以後、いかなる形の国際貢献が可能なのかが政治的課題となった。自民党首脳は、国連のＰＫＯ活動に参加することで、日本の国際貢献を果たそうと考えた。そうした流れのなかで、いわゆる「ＰＫＯ法案」が提出された。

いわゆる「ＰＫＯ法」として知られる「国際平和協力法」だが、この法案は、実際には、ＰＫＯ活動以外の国際貢献についても規定している。

この法律では、日本の国際平和協力として「国連平和維持活動への協力」「人道的な国際救援活動への協力」「国際的な選挙監視活動への協力」の三つがあげられている。細かな点を指摘しておくと、「ＰＫＯ法」と称されはしたが、この法律では、ＰＫＯ活動以外の「人道的な国際救援活動への協力」「国際的な選挙監視活動への協力」が取り上げられていることになる。

「平和維持活動」とは異なる「人道的な国際救援活動への協力」とは、紛争により発生した被災民の救援や、紛争によって生じた被害の復旧のためになされる活動で、具体的には紛争によって被害を受けた人の救出、帰還などの援助、紛争によって被害を受けた人に対する食糧、衣料、医薬品などの配布や医療活動、紛争によって被害を受けた施設や自然環境の復旧などが挙げられる。これらも海外における自衛隊の活動が想定されていた。

また、併せて一九八七年九月に施行された「国際緊急援助隊の派遣に関する法律」の改正が図られた。国際緊急援助隊は、当初、国際協力機構（ＪＩＣＡ）が中心となって、海外で大規模な自然災害などが起こった際に、被災国政府や国際機関の要請に応じて、派遣される組織だった。この国際緊急援助隊に自衛隊が参加できるようにしようという改正案が提出されたのだ。

本書では、これらの活動をそれぞれ細かく区分して論ずることはしない。なぜなら、当時、重要だった論点は、自衛隊を海外に派遣することは是か非かという点であり、その内容についての細かな議論ではなかったからだ。

自衛隊を海外に派遣することに関して、大きな反対の声があがったのだ。人道的な目的であるにせよ、自衛隊を海外に派遣してはならないという主張が繰り返された。

たとえば、『朝日新聞』は「『何でも自衛隊』ではなく」と題した社説の中で、「わが国の国際緊急援助隊に自衛隊を参加させようとする動きが、政府・自民党や一部の野党の間で表面化してきた。

戦後の憲法下では初の自衛隊の海外派遣となった掃海部隊が、まだ目的地のペルシャ湾に着いてもいないというのに、もう次の海外派遣を画策する。そこには、掃海艇派遣であいた風穴を足場に、第2、第3と既成事実を積み上げていこうとする意図が見え隠れしている」（一九九一年五月一七日）

「国際緊急援助隊が掃海艇の活動に比べて武力行使色が薄いのは当然である。しかし、だから自衛隊を、というのは論理の上で矛盾がありはしないか。自衛隊が国内の災害救援、復旧などで有効な働きをしてきたのは事実であるが、本来は外からの脅威に備えた武力集団である。とくに海外の視線を考慮するとき、自衛隊抜きの緊急援助隊という現在のあり方は、十分に理にかなっているといってよい」（同右）

「自衛隊の本来の任務を考えるとき、そのような『なんでも自衛隊』が本筋をはずれたものであることは明白だ」（同右）

国際緊急援助隊とは、海外で大規模な災害が発生した際に、日本から援助に向かう部隊のことだ。本来、戦闘行為とは無縁の純然たる援助だ。『朝日新聞』も認めている通り「武力行使色が薄い」。だが、それでも、自衛隊を援助に向かわせるべきではない、というのがここでの『朝日新聞』の論理なのだ。

災害の際、自衛隊がほかの組織とは比べものにならないくらい活躍することを、現在では多くの国民が知っている。東日本大震災の活躍だけでなく、地震、津波、台風、大雪、土砂崩れ、噴火など、あらゆる自然災害の際に、自衛隊員が多くの国民を救出している。

なぜ、自衛隊は災害派遣時に縦横無尽に活躍できるのか？

それは、自衛隊が「自己完結組織」だからだ。簡単に言えば、自衛隊は、一般人では到底生活のできないライフラインの閉ざされた場所を生活できる場所に変えることができる組織なのだ。だからこそ、自然災害ですべてが失われた地域でも自由自在に活動ができるのだ。また、日常の訓練により、士気も旺盛、技術力も高い。それだけに、危険極まりない場所でも、人命の救うことが可能なのだ。

実際に、平成一〇年のホンジュラス国際緊急医療援助隊の活動では装備品などの航空輸送から始まり、物資の援助、被災者の捜索および救助活動等々、被災地で大活躍している。

だが、当時、こうした活動に関しても、「自衛隊以外の人々が向かえ」という主張があった。いま振り返って考えてみれば、これは極めておかしな議論だ。人命尊重の立場からすれば、最も効果的な活動ができる自衛隊を派遣すべきなのだ。自衛隊以外のいかなる組織であっても、大規模な自然災害時、自衛隊ほどの活躍をすることができないのは明らかだ。日頃、人命尊重を主張する人々が「自衛隊抜きの緊急援助隊という現在のあり方は、十分に理にかなっている」などと説くのは論理的に考えて、おかしな主張である。

彼らは、とにかく自衛隊を海外に派遣させたくないという考えから主張し、その際には、常日頃、何よりも大切だと説く人間の生命を軽視することも厭わなかったのだ。

「集団的自衛権」と「集団安全保障」を混同した朝日新聞

自衛隊を国際緊急援助隊として派遣することにすら難色を示していた『朝日新聞』は、PKO活動そのものに自衛隊を派遣することにも批判的だった。いくつかの社説を再録してみよう。

「カンボジア紛争の先がみえたことで、国会の国連平和維持活動（PKO）論議も活発化することが予想される。しかし、紛争当事国や周辺諸国が日本に期待しているのは、自衛隊の派遣などより、戦後復興への貢献だ、ということは心に留めておかねばなるまい。30万人を超える難民の帰還、総選挙の監視など民間人の活躍が求められる分野は多いのである」

（一九九一年八月二九日「目前に来たカンボジア和平」）

「国際貢献を推進することは、日本にとって不可欠の責務だと、われわれも考える。しかし、それはまず、非軍事の分野で充実されるべきである。

法案は、文民レベルの選挙監視、行政協力、医療といった分野も列挙してはいる。が、法案の主眼は、PKOの中でも最も軍事的な役割が強い停戦監視、平和維持軍（PKF）への参加に道を開くことにある。（中略）なぜ、ＰＫＯの中核が自衛隊でなければならないのか」（一九九一年九月一九日「ＰＫＯ法案は慎重審議を」）

「自衛隊のＰＫＦ派遣の法制化を急ぐよりも、非軍事のＰＫＯの領域で、国連の諸活動への協力体制を強化すべきではないか。その意味で、この法案は、抜本的に練り直すのが望ましい」（一九九一年一〇月一日「ＰＫＯ法案を練り直そう」）

「国際社会への人的貢献は大いに進めるべきだが、なぜ、まず自衛隊派遣でなければならないのか、前国会では論議が深まったとは言いがたい」（一九九一年一一月一八日「ＰＫＯ法案の審議再開に望む」）

とにかく自衛隊をＰＫＯ活動に送ってはならないと『朝日新聞』は、繰り返し、繰り返し主張していることが明らかだろう。自衛隊以外の国際貢献が望ましいという見解だ。

だが、当のカンボジアのフン・セン首相は、来日し、次のように述べたという。

「今回の訪日の目的は自衛隊派遣を要請すること。自衛隊、警察官、行政官を国連カンボジア暫定行政機構（ＵＮＴＡＣ）に派遣して欲しい。すでに二十ヵ国以上がＵＮＴＡＣの平和維持軍（ＰＫＦ）への兵員派遣を決めているのに、なぜ日本は自衛隊（軍事要員）を派遣してくれないのか」

「日本は経済力に見合った政治的役割を担うべきだ。（中略）日本がＵＮＴＡＣに自衛隊を派遣したとしても、大東亜共栄圏の考え方と結び付けて考える国はない」（佐々木芳隆「戦後初めて、海を渡るヘイタイさん」『世界』一九九二年八月号、六五〜六六頁）

まったく『朝日新聞』とは異なる見解を、ＰＫＯ受け入れ国の首相が示している。カンボジア政府は日本政府に自衛隊の派遣を望み、そうした派遣がかつての戦争をイメージさせることはないと言っているのだ。この事実は大きいだろう。

結局のところ、『朝日新聞』の主張は、日本がいかなる国際貢献を行なうべきかと考えるのではなく、とにかく、自衛隊を海外に派遣させてはならないという考えから導き出された主張にほかならなかった。

なぜ、『朝日新聞』は自衛隊の海外派遣をこれほどまで執拗に反対し続けたのだろうか？

その根拠が次のように記されている。

「ＰＫＯ法案の最大の問題は、停戦後ではあっても、紛争に巻き込まれる可能性がないとはいえないＰＫＦに、武装集団である自衛隊を送ることにある。憲法が禁じる集団的自衛権の行使に触れる恐れが残る」（一九九一年一一月一八日「ＰＫＯ法案の審議再開に望む」）

これは明らかにおかしい。ＰＫＯ活動は、「集団安全保障」の中で位置づけられる活動であり、「集団的自衛権」とは関わりのない活動だ。この社説では、「集団的自衛権」と「集団安全保障」が混同されている。

いずれにせよ、海外に「武装集団である自衛隊」を派遣すること自体があってはならない事態だ、というのが『朝日新聞』の主張だったのだ。

だから、自衛隊の海外派遣は「たとえ平和目的」であれ、許されるべきではないという。「PKO協力法案の審議はまだまだ不十分だ。繰り返し主張してきたように、自衛隊の海外派遣は、たとえ平和目的であれ、戦後の日本の国是の変更につながりかねない重要な問題である。戦後史を軸にすえた反省と平和への展望が基本にあって、はじめてPKOの成果をあげることができるのではないのか」（一九九一年一一月二八日「乱暴なPKO法案の強行採決」）

憲法が抱える矛盾――戦後日本の最大の悲劇

こうした『朝日新聞』の自衛隊海外派遣反対の主張をさらに激しく主張したのが憲法学者をはじめとするアカデミズムの世界の人々たちだった。

憲法学者の山内敏弘氏は次のように指摘している。

「さる六月一五日に強行可決されたＰＫＯ法は、戦後日本においてはじめて武装した自衛隊が海外出兵することを法的に可能とするものであるが、しかし、このような法律は、日本国憲法の平和主義を根底的に蹂躙するものであって、憲法を一国の最高法規とする立憲主義国家にあっては到底容認することができないものといわねばならない」（山内敏弘「ＰＫＯ法と平和憲法の危機」『法律時報』第六四巻一〇号、一二頁）

ＰＫＯ法がわが国の立憲主義を破壊するという主張だ。仮にこの主張が正しいとするならば、ＰＫＯ法が存在し続けるかぎり、わが国の立憲主義は破壊され続けていることになる。だが、今日、自衛隊が海外に派遣され、自然災害の被災者の人々のために汗を流している姿を見て、「立憲主義が破壊されている」と思う人はいるだろうか。紛争で傷ついた人々の生活水準が向上するように道路を修繕したり、橋を作っていることをみて、「立憲主義が破壊されている」と思う人はいるだろうか。

そして、彼らは言う。こうした自衛隊の海外派遣を可能にするためには、憲法改正がなされなければならないはずである、と。

「そもそも、ＰＫＯ法案は、日本国憲法の平和主義を根本的に変更するものであり、本来

ならば憲法の改正手続（九六条）によってはじめて成立可能なものであるはずである」（前掲誌、二頁）

歴史学者の粟屋憲太郎氏も山内氏とまったく同じように主張する。

「日本国憲法第九条に照らして、ＰＫＯ法案は明らかに違憲である。政府・自民党は、憲法改正という正式の手続きを『迂回』することによって、国民的な合意のないまま、しゃにむに自衛隊の海外派兵に突き進んでいる」（粟屋憲太郎「半世紀の歴史から何を学んだのか」『朝日ジャーナル』一九九一年一二月一三日）

自衛隊を海外に派遣することが違憲であり、立憲主義を破壊することになる。だから、本来であれば、憲法を改正して、海外への派遣を可能にすべきだというのだ。

では、憲法を改正することなしに、「自衛隊」を持てるようにした「解釈改憲」について、彼らはどのように考えているのだろうか。

この点、山内氏は実に正直である。

「自衛隊そのものが憲法九条に違反するものである以上、このような違憲の自衛隊に新たな任務を付与する立法は、そのこと自体からしてすでに違憲と言わざるを得ない」（前掲『法律時報』、三頁）

「憲法九条を虚心に読めば、それが一切の戦力の保持を否認した規定であることは、容易に理解できるであろう。しかも、自衛隊は紛れようもなく軍隊であり、これを戦力に至らざる自衛力であるなどという議論は、国際社会ではおよそ通らない詭弁である」（前掲『法律時報』、三頁）

要するに山内氏は、自衛隊の存在すら違憲であると唱えているのだ。確かに、氏の言う通り、憲法九条を虚心に読み返してみて、自衛隊の存在を合憲だと言って肯定するのは論理的に難しい。しかし、吉田茂以下の極めて強引な解釈変更によって、現在の日本の安全保障が担保されている事実を否定することはできない。本来であれば、自衛隊を創設する際に、憲法を改正すべきであったのは、その通りと言ってよいが、憲法で違憲だから、すぐに自衛隊を廃絶せよとの主張は国民からも支持されないであろう。

極めて非現実的な日本国憲法の条文は、立憲主義を貫徹しようとすると、自らの憲法が国民に否定されてしまうという矛盾を抱えているのだ。これこそが戦後日本の最大の悲劇だと言っても過言ではあるまい。

法の解釈がすべてと思い込む、現実離れの法学者

自衛隊を違憲だと説く憲法学者の山内敏弘氏からすれば、個別的自衛権の行使であれ、集団的自衛権の行使であれ、自衛隊の平和的目的のための海外派遣であれ、すべて違憲だということになるのは当然のことだろう。だから、彼はその意味では筋の通った主張をしている。しかし、現実的に、彼の主張するような政策を実行した場合、わが国は存立が根底から脅かされるような事態に陥ることは明らかだろう。

なお、自衛隊の存在すら、「違憲だ」と断定する山内氏と、集団的自衛権の行使容認に向けて積極的だった西修氏との議論があるが、非常に面白いので引用する。

西　山内さんはかつて、日本国憲法のもとでは自衛権すらないんだ、という論文を書かれましたね。いまでもそういう立場を崩していませんか。

山内　武力行使を行うという、その点を中核とする自衛権は持てないという立場をとっています。

西　侵略があっても、日本はただじっとしているということですか。
山内　非暴力による抵抗運動を持続的に行い、国際世論を喚起することによって、侵略そのものを排除することができる。今日、すべてを武力によって解決する時代じゃなくなっている。（小林節、西修、浅井基文、山内敏弘「憲法九条は黄昏ているか―自衛隊のＰＫＯ参加」『朝日ジャーナル』一九九二年五月八日）

山内氏の主張するように、自衛隊を廃止したとしよう。どこかの国が攻めこんできた際に、氏は「非暴力による抵抗運動を持続的に行」なうことによって、「国際世論を喚起」し、「侵略そのものを排除することができる」という。

そうであるならば、是非とも、韓国が不当に占拠し続けている竹島、ロシアが不当に占拠し続けている北方領土を、彼の非暴力の実践によって取り返してみせるべきであろう。また、クリミア半島を実力行使によって合併したプーチンに対して、どのような抵抗運動が効果的なのかを示すべきであろう。

こうした山内氏の自衛隊違憲論を極端な見解だと思う人も多いかもしれないが、こうした主張は氏独自のものではない。

憲法学者の横田耕一氏も次のように主張している。

「憲法学者のほとんどがそう解釈するように、自衛隊を違憲とみることが憲法解釈としては自然であり、したがって存在そのものが違憲である自衛隊を前提とした自衛隊の海外派遣（派兵）も当然に違憲であり、自衛隊の派遣を内容として含むＰＫＯ協力法もまた当然に違憲とみなさざるを得ないものである以上、もし本当に自衛隊の存在やＰＫＯ協力法が必要であるなら、そして国民がそれを本当に望んでいるとする自信があるなら、改憲の手続きを先行させるべきであったろう」（横田耕一「立憲主義が危機に瀕している」『世界』一九九二年八月号、四〇頁）

「日本国憲法は、日本が非武装中立国家を選択し、武力の行使を全面的に放棄することで、相手国に脅威を与えることなく自由に平和のために行動し、積極的に国際平和の達成に寄与することを予定しているものとして理解されるべきであろう」（前掲誌、四一頁）

彼らの主張が、ある意味で素晴らしいとすら思えるのが、「自衛隊は違憲である」と堂々と主張している点であろう。しかも、「憲法学者のほとんどがそう解釈する」というのだから、国民は驚くだろう。

彼らは本来的に、自衛隊の海外派遣に反対しているのではない。自衛隊の存在そのものを否定しているのだ。だから、自衛隊を海外に送ることなど論外だということになるわけだ。しかし、彼らの主張が奇妙なのは、自衛隊が存在し続けていること自体が立憲主義を破壊しているのだから、ただちに自衛隊を全廃せよとの怒りの声をあげない点だ。

ＰＫＯ法や集団的自衛権のときにだけ現れ、「ＰＫＯ法案反対」「集団的自衛権反対」と騒ぐのではなく、戦後一貫して、「自衛隊反対」の声をあげ続けるべきだったのだ。

国民の多くが自衛隊の存在を容認しているから、戦術的に「自衛隊反対！」の声をあげないなどという卑怯な態度を捨て、自衛隊の存在そのものを否定し続ければよかったのだ。

災害時、多くの人々の命を救った自衛隊――彼らを堂々と否定してみればよかったのだ。そのとき、国民は思うはずだ。否定されるべきなのは、自衛隊ではなく、法の解釈がすべてだと思い込み現実の見えない法学者なのだ、と。

「憲法九条は死んだ」と言いながら、護憲を訴える矛盾

国会でも奇妙な議論が繰り広げられていた。少々長いが、読み進めていただきたい。

「ＰＫＯ法案は、武装した自衛隊の部隊を、ＰＫＦ参加のためを含めて海外に派遣をする

あるいは出動をする、それが派兵になるかどうかは別としても、派遣、出動であることはもう明白であります。我が国の憲法制定議会においてもあるいは自衛隊創設時における国会論議におきましても、自衛隊の海外派遣、海外出動、これは全部許されないんだ、自衛の範囲に限られるんだということを言っておりました。そういう四十五年の論議からいいましても、これは憲法上許されない、違憲の出動であることは明白であります」（一九九一年一〇月三日、日本共産党・東中光雄議員）

「ＰＫＯ法案が示すようないわゆる国際貢献の形を、一体どの国が、どの地域の民衆が求めていますか。カンボジアですか。アジア唯一の紛争国であったカンボジアでも和平協定が調い、国連は小規模のＰＫＯを派遣するとされています。その中に日本の自衛隊員をぜひ加えてほしいとの要請でもあるのでしょうか。我が国からの貢献策としては、もっとほかに、はるかに切実で重要なものがあるのではありませんか。現実の情勢に根拠のない、憲法違反の自衛隊海外派遣に血眼になるりは《ママ》やめ、ＰＫＯ法案は直ちに撤回すべきであります。最近の世論調査を見ましても、国民の大多数は強い反対と懸念を持っていることが明らかにされております。総理にこの撤回の決意がおありかどうか、伺いたいと存じます」（一九九一年一一月一二日、社会党・田辺誠議員）

「政府提出法案は、国連協力、国際貢献に名をかりた自衛隊派兵法であり、断じて容認することはできません」（一九九一年一二月三日、社会党・串原義直議員）

「ＰＫＯ以外の人道的平和協力業務にまで自衛隊の業務として参加させるこの政府案は、まさに、始めに自衛隊ありきの法案であり、軍縮と協調の国際的潮流に逆行したものとして、平和的な国際貢献という国民多数の世論に反し、我が国に求められている国際社会の期待にこたえるものとは言えません」（同右）

「この法案はＰＫＯ協力法案などではなく、国連のＰＫＯ活動に名をかりた自衛隊海外派兵法案であることはますます明らかになっています。この法案によれば、日本のＰＫＯ活動は国連の活動とは言えません。国連の指揮によらず、日本の主権の行使として行われ、中断、撤退も政府が独自に判断をし、武器使用も政府の定める実施要領によるとしています。このように、ＰＫＯ活動の多くの部分に日本の主権が留保されたこの法案は、国権の発動としての武力行使につながるのであります。これはまさに明確な憲法第九条違反であります。この法案は、審議をすればするほど次々に矛盾が明らかになっていく、まさにガラス細工の法案です」（一九九一年一二月四日、社会党・谷畑孝議員）

現在、災害時に国際緊急援助隊として自衛隊が被災した国々に派遣されるのを否定する人はいるのだろうか。自衛隊が海外で困窮する人々を救援していることを誇りに思うことはあっても、それを「憲法違反」の「海外派遣」だから、やめてしまえなどと主張する政治家はおるまい。

ＰＫＯ活動で、清潔な水を手に入れることのできない貧しい人々に飲料水を配給できるように汗をかく自衛官たちを否定することは、無礼で奇矯な言動だとしか思われないのではなかろうか。

彼らの議論はとにかく極端で、憲法が破壊され、日本が途轍もなく愚かな選択をしているかのような印象を国民に与えるが、現実は違う。

日本の国際貢献は世界中の人々に歓迎されているのだ。

本当に馬鹿馬鹿しい議論が続いていたのだが、法案成立後の社会党の国会議員たちの鼎談は、その知的水準の低さをさらけ出すようなものだった。この鼎談で竹村泰子参議院議員は次のように言う。

「憲法が踏みにじられているのです。私はいま喪章を着けていますけれども、私は憲法九条は死んだと思っているんです」（竹村泰子他「肝心なことが議論されていない」『世界』一九九

二年八月号、四七頁）

山本太郎参議院議員が、国会に喪服で現れ、安倍総理に向かって、数珠を向け、祈るような仕草をしたことは記憶に新しい。だが、こういう愚劣なパフォーマンスも、ＰＫＯ法案が成立したときと同じなのだ。

二〇年前、竹村氏によれば、ＰＫＯ法案の成立によって、「憲法九条は死んだ」という。だが、現在、左派は「集団的自衛権の容認によって憲法九条は死んだ」と叫んでいる。いったい憲法第九条は生き死にを繰り返すものなのだろうか？

そもそも、山内氏や横田氏の言うように、自衛隊の存在そのものが違憲であるというのならば、日本国憲法九条は自衛隊が創設された段階で「死んだ」ことになるではないか。死んだはずの憲法は、いつの間にか、「戦後一貫して日本が守り続けてきた日本国憲法」に甦るとでもいうのだろうか？

彼らは「死んだ、死んだ」と言うが、それでは彼らの抱きしめてきた憲法九条とは、「死体」そのものなのではなかったのか？

正当な改憲をせずに自衛隊を創設したのが、日本における奇妙な安全保障議論の原因だと認めよう。だが、もう一方で、自衛隊が存在した段階で「死んで」しまった日本国憲法第九条の理念が、まるで戦後日本で生き続けて来たかのように振る舞い続けてきた護憲派にも、反省すべき点はあるはずだ。

日本の文民を守ることができなかったカンボジア派遣

話を社会党議員の鼎談に戻す。

この鼎談で自衛隊が武器を使用する可能性について、次のように語っている。

参議院で内閣法制局長官が、武器使用が可能な事例について言及した際、「山賊・匪賊」という言葉を使ったという。自衛隊が「山賊・匪賊」のような集団から襲撃された際には、正当防衛ができるということだ。

これに対して竹村氏が「山賊・匪賊」とは何かを問うと「私的武力集団」と答えたという。こうした説明のあと、氏はこう続ける。

竹村泰子「私的暴力集団には発砲してもいいということなんですよ」

久保田真苗「泥棒みたいなものだというわけでしょう。でも、国内では泥棒を撃ち殺していいということはないですよ」

竹村泰子「外へ行ったら、撃ち殺していいということになる。それはおかしい」

「山賊・匪賊」「私的暴力集団」といった表現が適切だったのかわからないが、ここで想定されているのは、民兵組織のような集団のことである。それをただの「泥棒」としてしか解釈、理解できないところに、この国会議員たちの知性の貧困、現実を捉える能力の低さが現れている。

こうした「泥棒」程度の相手しか存在しないだろうと想定していた国会議員たちは、自衛隊員たちの武器使用を厳しく管理した。その結果、自衛隊の武器使用に関しては、「正当防衛」しか認められないということになった。自分自身が攻撃されそうになったときにのみ、反撃する権利が認められるというのだ。これでは目の前のＮＧＯの人間が狙われたときに、自衛隊は救出することができない。だが、自分以外の他者の生命を守ることは憲法が禁ずる「武力行使」にあたる恐れがあるとの理屈から、自衛隊は正当防衛以外はまったく認められなかった。

しかし、現実は過酷だった。

カンボジアの事例である。

自衛隊を派遣せずに、非武装の民間人だけを派遣すればよいとの主張を嘲笑うかのように、現地の情勢は急転する。

カンボジアの民主化のために、選挙監視要員として訪れていた民間人の中田厚仁氏が何者かによって襲撃され、文民警察官として派遣されていた高田晴行氏も殺害された。選挙をよしとしないポル・ポト派の仕業だと噂が流れた。

ＰＫＯの部隊が派遣される場所は、ニューヨークやロンドンといった安全な場所ではない。確かに、停戦状態になってはいるものの、治安がよいとは言い切れない。

だからこそ、各国は武装した軍隊を派遣しているのだ。

このとき、自衛隊は、日本の文民を守ることができなかった。能力がなかったのではない。誠意がなかったのでもない。そうした警護をしたり、守ったりすることが「憲法違反」だとされてしまい、守ることができなかったのだ。

このとき、自衛隊はどうしたのか。

何もしなかったのだろうか。

あまりに残酷な話だが、事実だから記しておく。

先に述べたように、自衛隊に認められていた武器使用は、正当防衛だけだった。したがって、自分が攻撃されなければ、相手を攻撃することはできない。だが、ゲリラや殺人犯は、自衛隊ではなく文民を襲撃する可能性がある。現に二人の日本人が殺害された。

そこで考案されたのが「人間の盾」という作戦だった。何者かが民間人を襲ってきた際に、自衛隊が身を挺して、自らの身を盾として、民間人を守るというのだ。この場合、自分自身が攻撃されているのだから、反撃することは、「正当防衛」の範疇に属する。

本来であれば、自らの身を危険にさらすことなく、任務を遂行できるはずの自衛隊員をわざわざ生命の危険にさらしてまで守る「憲法第九条」「平和主義」とはいったい何なのか？

多くのリベラルを標榜する人は、生命尊重、平和主義を語る。だが、現実には、身を危険にさらしながら、国民の命を守り、他国の民主化のために貢献している人々が存在するのだ。こういう人々を守る法整備を整えなかったことは、日本の反省すべき点だ。

ＰＫＯ活動の新たな一歩――「駆けつけ警護」の整備

ＰＫＯ法の欠陥といえば、「駆けつけ警護」も、安倍総理の新たな安保法制によって、ようやく整備ができた。

「駆けつけ警護」とは一般的に各国の軍隊に認められており、日本の自衛隊には認められていなかった警護だ。

これは具体的な例で説明した方がわかりやすいだろう。

ＰＫＯで自衛隊が、ある国に派遣されたとしよう。その地域には、日本人のスタッフの多いＮＧＯ（非政府組織）が活動する地域であった。ある日、このＮＧＯが何者かによって襲撃されたという通報と救援を求める電話が入ったとする。このとき、軍隊が駆けつけて保護する行為を「駆けつけ警護」という。

今回の安倍総理の決断以前、「駆けつけ警護」を認めずにいたということは、極端に言えば、そこに救うべき生命があるのに、それを放置することが正しいとし続けてきたことを意味する。

これも実際の事例の中から紹介したい。

一九九四年、ルワンダで大規模な虐殺が行なわれた。フツ族によってツチ族が殺されたのだ。ツチ族に所属する人間であるというだけの理由で、フツ族はツチ族を殺戮した。まぎれもなく一民族の消滅を企図したジェノサイドであった。

このあまりに悲惨なルワンダ虐殺のあと、自衛隊が「人道的な国際救援活動への協力業務」として、ルワンダの隣国であるザイール共和国のゴマ地区に派遣された。当時、ザイールには虐殺で荒廃したルワンダから難民が押し寄せてきていた。難民キャンプにおける難民たちの生活状況を改善するのが自衛隊の任務だった。

ＰＫＯ五原則は次のように定められている。

（１）紛争当事者の間で停戦合意が成立していること。

（２）当該平和維持隊が活動する地域の属する国を含む紛争当事者が当該平和維持隊の活動及び当該平和維持隊へのわが国の参加に同意していること。

（３）当該平和維持隊が特定の紛争当事者に偏ることなく、中立的立場を厳守すること。

（４）上記の基本方針のいずれかが満たされない状況が生じた場合には、我が国から参加した部隊は、撤収することができること。

（5）武器の使用は、要員の生命等の防護のために必要な最小限のものに限られること。

のちに改正されることになるが、当時、（5）の自衛隊の武器使用に関する規制は非常に厳しく、自己自身を正当防衛で守ることしか認められていなかった。要するに、自分のそばに自衛隊員ではない国連職員やＮＧＯ職員がいた際、自衛隊自身が狙われていたら、相手を攻撃できるが、隣の職員が狙われた際には、この人々を守ることができないという制限が課されていたのだ。カンボジアの事例と同じだ。

この五原則を読むと、停戦合意ができていて、自衛隊の受け入れを紛争当事者が受け入れている場合にのみ、派遣が可能な法律となっている。しかし、停戦合意ができているとはいうものの、当然のことながら、まったくの穏やかな地域というわけにはいかない。殺害事件が頻繁に起こっていた場所なのだ。実際に、ルワンダに自衛隊を派遣する直前にも、難民の殺害事件など、治安の悪化が伝えられていた。

このとき、ルワンダ難民救援隊を部隊指揮官として率いたのが神本光伸氏である。神本氏は任務終了後に『ルワンダ難民救援隊—ザイール・ゴマの80日』（内外出版）という手記をまとめている。同書を読むと、実際にＰＫＯ活動に従事していた自衛隊員の仕事の厳しさ、そして、それがどれほど難民の方々を応援することになったかが伝わってくる。以前、ジャーナリストの鳥越俊太郎氏とテレビ番組でご一緒させていただいた際、鳥越氏が「PKOは無意味だ。自己満足だ」と述べ、私は唖然として、「それは自衛隊の皆さんに失礼ですよ」とたしなめたことがあったが、あまりに現実を知らない、反自衛隊思想に凝り固まっているように思われてならない。

ちなみに現在、集団的自衛権の一部を行使容認することに対して、激しく反対している面々は、PKO活動に関しても極めて否定的だった人がほとんどだろう。今になって、「自衛隊員が戦闘に巻き込まれる可能性がある」「自衛隊員の命を守れ」などと述べているが、彼らは、この当時、何を主張していたのか。

彼らは、派遣部隊の携行可能な銃は何丁までかという、実に下らない議論に終始していたのだ。

この結果、自衛隊員の武器使用は、自分自身を守る正当防衛のためにしか認められていなかった。仲間を守ることもできないし、自分たちの部隊の中に入って働いてくれている国連職員やNGO職員を守ることもできない。まるでこうした人々の存在を無視するか、あるいは見殺しにしても構わないかのような議論がなされていた。

しかし、現場に赴けば、自己の管理下にある人間が攻撃されそうな場合、見殺しにしても構わないというのは、どう考えても異常で、「自己の管理の下に入った者」を武器使用による防護の対象と拡大する法改正が行なわれた。また、自衛隊自身を狙うのではなく、武器を奪おうとする人々が存在した場合、「正当防衛」には当たらないという問題点が生じたために、武器などの防護も認められた。

神本氏がザイールに派遣されたのは、こうした法改正が行なわれる前だ。極めて制限の多いなか、あの狂気のジェノサイドが繰り広げられたルワンダの隣国に赴いたのだ。

任務内容は多岐にわたっている。医療、防疫、給水、その他さまざまな活動だ。墓場を掘るのを手伝ったり、穴に落ちた難民を救出したり、文字通り「激務」としか呼びようのない任務だ。

神本氏の手記の中で、最も衝撃的な場面は、日本のＮＧＯが襲撃された場面だ。

一〇月下旬、難民キャンプ内の治安が悪化した。殺人事件などが続発したのだ。旧政府軍がキャンプの治安悪化を狙っているとの見方が広まった。

そんなある日、突然報告が神本氏に入る。

「隊長！　キブンバでＡＭＤＡ（引用者注：医療関係のＮＧＯ）の車両が強奪されたそうで

す。人員は無事らしいのですが、動けなくなっているということです」

「どこから入った情報か？」

「キブンバに行っている防疫班からの情報です」

神本氏は幕僚を呼び、次のように指示を出した。

「急いでできるだけ多くの隊員をつれてキブンバキャンプに行き、ＡＭＤＡの一行を救出してもらいたい。小銃、鉄帽、防弾チョッキを忘れるな。必要があれば少々脅すくらいの心構えでやれ」（神本前掲書、一七二頁）

同胞が襲われているのであるから、これを救出するのは当然だとの判断だった。

だが、この指示を神本氏は悔やむことになる。

この事件以降、新聞記者が次々と取材を申し込んできたのだ。

「隊長、今回の行動はＡＭＤＡの警護のためなんですか？」

「邦人の救出は業務実施計画に入ってないんじゃありませんか？」（神本前掲書、一七三頁）

要するに、その当時、法的に認められないとされている「駆けつけ警護」に当たるのではないかというのが質問の趣旨だ。

神本氏はこうした質問を受けた際の苦しい胸の内を明かしている。

「日本人の救出を命じたのは間違いだったのか。業務実施計画を守って日本人の救出に行かないことが本当に正しいことなのか。人助けという正しいこと、しかも日本人の救出に向かわせて何で責められなければならないのか」（神本前掲書、一七四頁）

結局、今回の救出は、「救出」ではなく、「輸送業務」の一環であったというふうに言いつくろい、何とか窮地を脱することができた。

神本氏は次のように振り返っている。

「夕暮れが近づくころには、やはりまずかった、やりすぎたのかもしれない、と心が滅入っていった。そして、自衛官人生が終焉を迎えつつあるような気分になっていた」（神本前掲書、一七四頁）

私がこの手記を読んだ際、激しい怒りを覚えた。なぜ、同胞の生命を救おうと助けに向かうことが禁じられねばならないのか。なるほど、確かにＮＧＯの方々は、危険を承知で業務についていているのかもしれない。しかし、救うべき命がある際に、救おうとしないのは人道上の観点から問題があったのではないか。

今回の安倍総理の英断で、「駆けつけ警護」が認められた。集団的自衛権の問題ばかりが論じられていたが、今回は、ＰＫＯ活動においても新たな一歩を踏み出した。救うべき命を救わない愚かな観念論ではなく、具体的な貢献ができるような法体制が整えられたことを歓迎したい。

ＰＫＯ法案が可決された際、「立憲主義が破壊された」と大騒ぎした人々が存在した。しかし、彼らの多くは、実際には、自衛隊の存在すら「違憲」と捉える極端な人々であった。彼らは「自衛隊の存在によって、憲法九条が死んだ」とは言わずに、「自衛隊の海外派遣によって憲法九条が死んだ」と大騒ぎした。

二〇年の歳月が流れると、ＰＫＯ活動、人道的支援活動等について、彼らは何も言わない。憲法違反だと大騒ぎした過去がなかったかのように振る舞っている。自衛隊が海外の自然災害の救援活動にあたることすら憲法違反だと言っていた人々が、自衛隊の海外派遣を当然のことと受け入れている。

二〇年の歳月が流れれば、「集団的自衛権の行使容認」も当然の決断であったとされているだろう。そして、「集団的自衛権の行使容認によって、立憲主義が破壊される」と大騒ぎしていた人々が、新しい課題に対して「立憲主義が破壊される」と大声をあげるのであろう。懲りない面々だ。

補遺　虚偽と暴力にまみれた憲法制定過程

憲法制定の真の目的は日本の弱体化

日本国憲法は、日本人によって作られたものではない。この憲法はＧＨＱによって作成され、強制された占領憲法である。昨今、憲法改正に向けての機運が高まりつつあるが、この日本国憲法の正体が占領憲法であることを閑却した改憲議論は、ほとんど意味をなさない。

この憲法の最大の欺瞞はその制定過程にある。本稿は、簡潔に日本国憲法の制定過程の全体像を描き出すことを目的とする。

昭和二〇年八月一五日、日本はポツダム宣言を受諾し、終戦の決断を行なった。このあと日本からは主権が奪われ、すべての政治的行為が占領軍の統制の下に置かれた。昭和二七年に、サンフランシスコ講和条約の締結によって、独立を回復するまで、地上に「メイド・イン・ジャパン」の商品はなくなり、「メイド・イン・オキュパイド・ジャパン」の商品が出回ったのだ。

日本には独立が奪われ、自らのことを自ら決することができない時期があった。これを「被占領期」と呼ぶが、多くの国民は、我々の父祖が「被占領期」という苛烈な時代を生き抜いたことを忘れてしまっている。いや、当時を生きた人々も、この占領自体が「苛烈」なものではないかのように思い込まされてきた。用意周到な占領計画が準備され、日本国は徹底的に解体され、再構築されたのだ。

それでは、占領軍の対日占領の基本方針とはいかなるものだったのだろうか？　これに関しては、公文書が残されている。米国の国務省・陸軍省・海軍三省の調整委員会（ＳＷＮＣＣ、スウィンク）によって定められた文書ＳＷＮＣＣ１５０／４／Ａ文書である。なお、この文書を日本側は「初期対日方針」と翻訳している。この文書の冒頭では、米国の日本占領の「究極ノ目的」が左記のように定められている。

（イ）日本国ガ再ビ米国ノ脅威トナリ又ハ世界ノ平和及安全ノ脅威トナラザルコトヲ確実ニスルコト

日本を再びアメリカの脅威としてはならぬ――すなわち、日本の永久的な弱体化こそが、米国の日本占領の究極的な目的にほかならなかったのだ。マッカーサーの行動、指令も、すべてこの対日方針に従ったものであり、日本国憲法の制定も、日本弱体化という占領目的を達するための手段にすぎなかったのだ。

我々は、「国民主権」「平和主義」「基本的人権の尊重」を日本国憲法の三大原則として小学生のときから繰り返し学習させられた。しかし、そんなものは憲法の上辺《うわべ》の飾りにほかならないのだ。この憲法を制定した本当の目的は日本国の弱体化にあった。

したがって、本来であれば、日本国が主権を回復した日に廃絶すべき占領憲法であった。日本の弱体化を企図した憲法を「平和憲法」と歓迎してきたことこそが、戦後日本の恥辱と欺瞞にほかならない。どのように読んでみても自衛隊の存在が「違憲」のようにしか読みとれない、国防を否定するような特殊な憲法なのだ。

また、この憲法が占領軍の圧倒的な武力によって強制されたという事実も無視してはならないだろう。後述するように、ＧＨＱは日本政府の作成した憲法草案を一蹴し、新憲法を強制した。当時、マッカーサーの命令は絶対であった。彼はアメリカ政府より、次のように絶大な権限を与えられていたのだ。

「貴官は、実力の行使を含む貴官が必要と認めるような措置を執ることによって、貴官の発した命令を強制することができる」（「連合国最高司令官の権限に関するマッカーサーへの通達」）

要するに、マッカーサーの命令に逆らう人間がいた場合、その人物が天皇であろうと、政府要人であろうと、誰であっても、「実力の行使」の対象となりえたのだ。原子爆弾という絶対的な暴力を有するマッカーサーの命令に逆らうことなど誰にもできなかったのだ。圧倒的な暴力を背景に強制された憲法、それが日本国憲法の正体なのだ。

憲法問題調査委員会の立ち上げ

それでは、この憲法が日本に強制される過程を確認しよう。

昭和二〇年一〇月四日、午後五時、首相を務めたこともある日本政界の有力者であり、東久邇稔彦《ひがしくになるひこ》内閣で無任所大臣を務めていた近衛文麿《このえふみまろ》は、マッカーサーのもとを訪れ、会談を行なった。この会談でマッカーサーは、大日本帝国憲法を改正する必要があることを指摘した。その際に、憲法は自由主義的なものであること、参政権を拡大すること、労働者の権利を認めるものであることなどの注文をつけた。これは近衛にとってはすべて想定内の注文であった。さらに過酷な要求を突きつけてくるのではないかと恐れていた近衛は、マッカーサーの発言を聞きながら、安堵の胸をなでおろした。

そして、自らが尊敬する京都大学の佐々木惣一《ささきそういち》に憲法改正案の検討を依頼した。もちろん、ここでいう「憲法改正」とは、大日本帝国憲法を部分的に改正するということである。近衛の依頼を受けた佐々木は箱根の宿にこもり、憲法改正についての考えをまとめ始めた。

だが、近衛が憲法改正の主導権を握ろうとしているころ、アメリカ国内では近衛を戦犯として、東京裁判に出廷させよという声が高まってきた。当時のアメリカ国民の日本人指導者に対する怒りは凄まじいものだった。すると、マッカーサーはいともたやすく近衛から梯子を外す。このあたりの変わり身の早さがマッカーサーの特徴だ。

マッカーサー・近衛会談から一カ月も経たぬ一一月一日、マッカーサーは次の声明を出した。

「近衛侯爵が日本憲法改正にはたしている役割について、重大な誤解が存在している模様である。近衛侯爵は、連合軍当局によってこの目的のために専任されたのではない」

実は、マッカーサーが憲法について語り合ったのは近衛文麿だけではなかった。一〇月一一日、東久邇宮内閣後に総理大臣に新任された幣原喜重郎《しではらきじゅうろう》がマッカーサーのもとを訪れた際にも、憲法改正の必要について語っていた。ここでは、マッカーサーは憲法が自由主義化される必要があることを説いた。

これを受けて幣原内閣では、憲法改正の主務大臣に松本烝治《まつもとじょうじ》を充てた。松本烝治とは、戦前に内閣法制局長官を務めたこともある法律、とりわけ民法の専門家であった。松本は早速、憲法問題調査委員会（通称、松本委員会）を設け、憲法改正についての議論を開始した。この憲法問題調査委員会には、「天皇機関説」を提唱し、軍部から厳しく糾弾された美濃部達吉《みのべたつきち》や「八月革命説」を提唱し、戦後日本の憲法学会で絶大的な力を有することになる宮澤俊義《みやざわとしよし》も参加していた。戦前に活躍した憲法学の泰斗《たいと》から、新進気鋭の憲法学者までもが一堂に会して憲法改正についての議論が進められたのである。

松本委員会では、憲法の改正が要求されていた以上、大日本帝国憲法の改正規定を定めた第七三条に従って、憲法改正がなされるべきだと考えられていた。当然、松本委員会では天皇の統治大権を前提とした憲法改正を想定していた。

民政局が目をつけた過激な憲法私案

憲法改正についての議論が進められていると、民間からも憲法改正の私案が提出された。たとえば、鈴木《すずき》安蔵《やすぞう》を中心とした憲法研究会が昭和二〇年一二月月二六日に「憲法草案要綱」を発表した。この憲法研究会の主たるメンバーは次の通りである。

高野岩三郎…土地国有化、天皇制廃絶を主張する極左。「憲法草案要綱」以上に過激な「日本共和国憲法私案要綱」を発表。

馬場恒吾…リベラル派のジャーナリスト。のちの読売新聞社長。

杉森孝次郎…早稲田大学教授。

森戸辰男…人類の理想は無政府状態だと夢想するアナーキスト。戦前に大内兵衛の発刊した『経済学研究』に「クロポトキンの社会思想の研究」を発表し、大論争を引き起こした。

岩淵辰雄…読売新聞の主筆。近衛上奏文にも関与。

室伏高信…戦前は大東亜戦争を礼賛し、戦後は否定。典型的な風見鶏。

鈴木安蔵…植木枝盛を崇拝し、のちに憲法改悪阻止各界連絡会議初代代表委員。

憲法研究会の「憲法草案要綱」は、佐々木惣一や松本烝治らとは異なり、大日本帝国憲法で定められていた天皇の統治大権を否定する過激な内容であった。彼らの「憲法草案要綱」の「統治原則」の第一には「日本国ノ統治権ハ日本国民ヨリ発ス」という「国民主権」の主張が掲げられていたのだ。

日本国内の一部の少数派が作り上げた憲法私案だが、これに目をつけた人物がいた。民政局のラウエルらだ。彼らは「私的グループによる憲法改正草案（憲法研究会案）に対する所見」という文書を書き上げるのだが、その中に注目すべき一節がある。

「著しく民主的な規定」として、「人民主権が認められる（The sovereignty of the people is acknowledged.）」とラウエルが銘記しているのだ。

なお、この箇所に注目して、奇妙な議論を展開している人物がいるので紹介しておこう。『憲法「押しつけ」論の幻』（講談社現代新書）を上梓した小西豊治氏である。彼は、この憲法研究会の提唱した「国民主権」の概念が日本国憲法に挿入されているという事実に注目する。ここまでは事実であるから、別に問題はない。そして、マッカーサー自身にも当初は

「国民主権」を日本側に強制する意思がなかったことを指摘する。これも事実であろうから、とくに問題はない。しかし、ここから小西氏の論理は飛躍するのだ。氏は憲法研究会の「憲法草案要綱」によって提唱された「国民主権」の概念が、日本国憲法に反映されているのだから、日本国憲法は押しつけではなかったと結論づけるのだ。

これは明らかに論理的に欠陥のある議論だと言わねばならない。

この議論がおかしいのは、憲法制定時に重要な役割を果たす「憲法制定権力」の問題を無視している点にある。誰かの考え方を採り入れた時点で、その憲法がその誰かによる憲法とする、という考え方そのものがおかしいのだ。誰がどの考え方を採用するのか。その採用者こそが重要であり、理論の提出はあくまで提案にしかすぎない。

この問題は、具体的に考えてみればわかりやすいだろう。多くの国々では「三権分立」を採り入れている。「行政」「立法」「司法」が独立し、それぞれの暴走を防ぐべく、相互に監視しながら、力を保っている。この「三権分立」の思想的な淵源は、フランスの思想家モンテスキューの著した『法の精神』という一冊の本にある。しかし、「三権分立」を規定した憲法を持つ世界中の国々の憲法を「フランス製」憲法とは呼ばないだろう。厳密に三権分立を規定したアメリカ合衆国憲法は、アメリカの憲法であって、フランス製憲法ではない。

なぜなら、「三権分立」という考え方を採用し、アメリカの国政に反映させようと、アメリカの建国者たちが考えたからだ。

政治思想家がある政治思想、政治理論を提出するのは自由だ。しかし、その政治思想を採用する憲法制定権力こそが、憲法論議においては重要なのであり、この力を無視した議論は、ほとんど意味をなさない。

もう詭弁としか言いようのない理屈なのだが、この手の護憲派は、あの手この手を使って、日本国憲法がアメリカ製であるという事実を隠蔽しようと躍起になっているように思われてならない。真実を隠蔽してまで国民に日本国憲法を強制し続けようとする姿はあまりに醜悪だと言わざるを得ないだろう。

「平和主義」「憲法第九条」「国民主権」——これらは価値観の問題だから、国民の間で意見がぶつかり合うのは当然だろう。憲法第九条を守れと言う人がいること自体は不健全なことではないし、その逆も同様だ。しかし、憲法の制定過程という事実の問題は事実の問題として受け止めるべきであろう。この問題を一部の事実だけをつまみ出して、話の本筋から違う方向へと議論を持っていくような詭弁は、排除されなければならない。

圧倒的な暴力によって憲法を強制された

さて、話を制定過程に戻すことにしよう。

昭和二一年二月八日、日本政府は松本委員会がまとめた松本案を占領軍に提出した。だが、すでに占領軍側は松本案の大筋の部分をつかんでいた。松本案の提出に先立つ二月一日、『毎日新聞』が松本案の概要についてのスクープ記事を掲載していたからだ。

マッカーサーは、こうした松本案を受け入れるつもりはなかったので、二月三日、腹心のホイットニー民政局長を呼び出し、いわゆる「マッカーサー三原則（天皇は元首である、戦力の放棄、封建的特権の廃止）」を提示し、急ぎ憲法草案を起草するように命じた。

二月一三日、松本案についての占領軍側からの肯定的な意見をもらえると期待しながら、会見に臨んだ。松本烝治、吉田茂、白洲次郎、そして通訳の長谷川元吉が日本側の出席者だった。これに対し、占領軍側の出席者はホイットニー民政局長（准将）、ケーディス局次長（大佐）、ハッシー中佐、ラウエル中佐といった顔ぶれだった。

占領軍は政府の改正案を受け入れることができないと断言し、占領軍の起草した憲法を日本国政府案として発表することを提案してきた。そして、ホイットニーは次のように続けた。

「最高司令官は、天皇を戦争犯罪者として取調べるべきだという他国からの圧力、この圧力は次第に強くなりつつありますが、このような圧力から天皇を守ろうという決意を固く保持している。（中略）最高司令官は、この新しい憲法の諸規定が受け容れられるならば、実際問題としては、天皇は安泰になると考えておられる」

占領軍は、日本政府代表らに、占領軍が起草した憲法草案を読む時間を与え、席を立った。このとき、松本、吉田らは顔面蒼白であったと言われている。

時をおいて、再び現れた彼らは屋外で「アトミック・エナジー（ヒート）」を楽しんできた、と意味深な言葉を発した。これを陽光と訳す向きもあるようだが、これは明らかに「原子力」を意味する言葉だ。

彼らは、この半年前に、広島、長崎の人々を「アトミック・エナジー」によって殺戮し尽くすという野蛮に手を染めた人々であった。そうした人々が冗談めかして「アトミック・エナジー」などという言葉を使えば、その含意するところは明らかだ。

武装解除された日本は、圧倒的な暴力によって憲法を強制されたのである。

憲法強制以後の徹底した検閲

憲法強制が行なわれたのち、徹底的な検閲によって憲法についての自由な議論が封殺されていたという事実も見逃してはならない。

ＧＨＱの検閲で「削除または、発行禁止処分の対象」となる項目の一つは次のように定められていた。

「ＳＣＡＰが憲法を起草したことに対する批判。日本の新憲法起草に当って、ＳＣＡＰが果たした役割についての一切の言及、あるいは憲法起草に当ってＳＣＡＰが果たした役割に対する一切の批判」

ここで言うＳＣＡＰとは連合国軍最高司令官総司令部、すなわち占領軍のことである。占領軍が新憲法を制定したことを触れてはいけないというのだ。

占領軍が憲法を制定したことに対する批判が禁止されたのではない。占領軍が憲法を制定したという事実そのものに対する言及が禁止されたのだ。したがって、新憲法を歓迎する趣旨の内容であっても、占領軍が新憲法を起草した事実に触れた文書は検閲の対象となり、削除または発行禁止処分の対象となったのだ。
自ら、GHQの検閲官を務めた甲斐弦《かいゆずる》氏は、次のように述懐している。
「新憲法第二十一条を読むたびに私は苦笑を禁じ得ない。『検閲は、これをしてはならない。通信の秘密は、これを侵してはならない』。何というしらじらしい言葉だろう。
言論及び思想の自由を謳ったポツダム宣言にも違反し、GHQ自身の手に成る新憲法にも抵触するこのような検閲が、憲法公布後もなお数年間にわたって実践されていたのである」(甲斐弦『GHQ検閲官』葦書房、一二〇頁)
「おれは米軍の犬だ、とある時は自嘲し、ある時は、妻子を養うためにはいかなる汚辱にも堪えよ、と己を励ます。時にはまた開き直って、よし、この機会にメリケンの正体を見極めてやろう、と唇を噛む。これが昭和二十一年の秋から冬にかけての私の心境であった。同胞の秘密を盗み見る。結果的にはアメリカの制覇を助ける。実に不快な仕事である」(甲斐前掲書、一二二頁)
戦争に敗北し、打ちひしがれた国民は、自らの家族を養うために、野蛮な行為に手を染めざるを得なかった。甲斐氏自身の心の叫びは甲斐氏のみのものではあるまい。多くの日本国民が涙を堪えながら、こうした野蛮な行為に手を染めていったのだ。

後世に生きる我々は、父祖たちのこうした屈辱を忘れてはならないだろう。

占領軍は、甲斐らの良心を踏みにじりながら、言論の自由を封殺する徹底した検閲を行なって、日本に憲法を強制したのである。

検閲を禁止する憲法が、検閲によって成立するという矛盾。日本国憲法の制定過程に背徳的な匂いを感じるのは筆者ばかりではあるまい。こうした矛盾は日本国憲法の決定的な問題点だと言わざるを得ない。

昨今、こうした制定過程についての議論が「古い議論」「古色蒼然たる改憲論」などと非難、揶揄されるが、これはおかしな話だ。いくら古いと言われようと、歴史的な事実なのだから、否定されるべきではないだろう。「立憲主義」「立憲主義」とありがたがるのも結構だし、「立憲主義」の意義も理解している。だが、これだけ不正な制定過程を無視したままで語られる「立憲主義」は決して健全なものではないと言ってよいだろう。

最後に、戦争に敗れた日本国民が、民主主義的な憲法を喜んで迎え入れたという虚偽についても、真実を指摘しておこう。

日本国民の多くは、日本国憲法に興味などなかった。その日の生活を考えることに必死な人々が、憲法論議に関与することは、ほとんど不可能であった。

したがって国民は、この日本国憲法の制定に関してほとんど関心を寄せていなかった。のちに、共産主義者の疑いで逮捕されそうになり、自決したハーバート・ノーマンは、自らの報告書に日本国憲法の交付記念日の様子を次のように記している。少し長いが、重要で、あまり紹介されていない部分なので引用しておこう。

「この祝典の間、私はずっと群衆のなかに混じっていたが、演壇の演説に対する彼らの無関心さが印象に残った。彼らが一度だけ熱狂したのは、式典の終り近く、天皇と皇后が姿をあらわしたときだった。ふたりが演壇を降りて皇居へ向かい始めると、いつもは感情をおさえている群衆が一団となり歓声を上げながら車に駆け寄り、大勢が踏みつけられ、怪我をした。（中略）ことに憲法が、いま熱狂的な歓呼を浴びているその人物から、神秘性だけではなく、実際の権力をもその手から除き去ることを明白に目的としていることを考えると、いささか空しい感慨をおぼえた」（E・H・ノーマン『日本占領の記録』人文書院、五三～五四頁）

多くの日本国民は、新憲法の誕生を祝った、などと言われるが、それは虚構にすぎない。多くの国民は、ほとんど憲法に無関心であった。

我々は、もう一度、制定過程についてのしっかりとした認識のうえに、憲法論議をすべき時期を迎えている。

おわりに

二〇一五年七月一六日、衆議院本会議で安保関連法案が可決した。

この日、テレビ、マスコミでは、ほとんど反対の主張ばかりが繰り返されていた。テレビを観て、不安に思っていた国民も少なくなかったようだ。

私は、いても立ってもいられない気分に陥った。

なぜ、安倍総理の決断がここまで非難されねばならないのか？

冷静に議論を重ねれば、「集団的自衛権」の行使容認など、常識の範囲の話ではないのか？

私は、急いで「安倍内閣の決断は後世の国民に評価されるだろう」との一文を書き上げ、ブログに掲載した。偶然、その日から、ブログの内容を「ブロゴス」という提言型ニュースサイトに転載することになっていたので転載していただいた。私が書いた安倍総理の決断を高く評価する記事は、多くの人々に読まれ、多くの読者に支持された。この記事を読んで、わざわざ電話をかけてくれた友人もいた。

このとき、私は直感した。少なからぬ国民が安保法案に賛成しており、極端な反対派の非難、罵詈雑言に辟易しているのだ、と。大声をあげるわけではないが、静かに、安倍総理の決断を支持する人々が少なくないのだ、と。その後も私は折に触れて、安保法案に賛成する立場から、反対派を批判する内容の記事を書き続けた。

あろうことか、安倍総理に対して「お前は人間じゃない！　叩き斬ってやる」と獅子吼《しし く》した政治学者、反対派こそが人民だと主張する法学者、安倍政権をヒトラーになぞらえる人々。本当に極端で冷静さを失った非難が続いた。

私はこうした議論に対して、「これは極端な意見だ」と書いた。まるで「王様は裸だ」と言った童話の少年のように、当然の事実を指摘しただけだった。

あまりに極端な議論が横行し、本来、冷静に論じられるべき安全保障の議論が、まるでなされていない。

私は強い憤りを感じていた。何とか、法案を推進した安倍内閣の決断が政治的に正しかったと説く本を書いておかねばならないと思った。立憲主義、国際政治の観点からみて、決して愚かで危険な判断ではなく、むしろ正当に評価されるべき政策であったことを説く本を書きたいと痛切に願った。ブログだけではなく、本を書くことで、より深く学びたいという国民の声に応えたいと思ったのだ。

そこで、以前より存じ上げていた並木書房の奈須田若仁社長に連絡を差し上げ、原稿の一部をお送りした。「安倍総理の決断を支持する本を出しましょう」と書いたところ、即座に「引き受けます」との返事をいただき、出版が決まった。

ところが、ここからが大変だった。読むべき本、資料が夥しい。そして、日本における安全保障の議論は、まことに神学論争の様相を呈しており、必要以上に難解だ。

憲法、国際政治等々の文献をすでにかなり読み込んであったのだが、これをもう一度整理し直した。

そして、どうしても、今回触れておきたかった議論があった。PKO活動（国連平和維持活動）についての議論だ。カンボジアでのPKO活動が法制化、実施された当時、私は小学生であり、当時の雰囲気はまったく覚えていない。だが、のちに学んでいくうちに、この湾岸戦争、そして、その後のPKO法案こそが、戦後日本外交の分水嶺であったと考えるに至った。

このＰＫＯ法案が提出された際の議論を精査し、今回の集団的自衛権の行使容認論と比較してみたいと考えていたのだ。

資料は厖大だった。まず、ＰＫＯ法案に関する『朝日新聞』の過去の記事をすべて読み込む作業から開始した。次いで、国会におけるＰＫＯ法案に関する審議を読み進めた。そして最後に、当時、学者たちが何を主張していたのか、該当するであろう雑誌の記事をていねいに読み込んだ。

多くの若者が国会前のデモに集まっているという夏の最中、私は国会図書館を始め多くの図書館に通い詰めることになった。

見えてきたのは、あまりに滑稽な事実だった。

本書で詳述したように、ＰＫＯ法案が成立したあと、多くの有識者、政治家たちが「立憲主義の危機」「憲法第九条が死んだ」と説いていた。

ほとんどが今回の集団的自衛権の行使容認に反対する人々と同じ人々だ。

この人々は二〇年前には、自衛隊のＰＫＯ活動参加によって、立憲主義、憲法第九条が死ぬと主張していたのだ。

現在、自衛隊が海外に派遣され、紛争や災害で困っている人々を救援する姿をみて「立憲主義を破壊する！」「憲法第九条が死ぬ！」などと叫ぶ人はいない。彼らの議論は極端なものだったことを現実が教えてくれている。

あれから二〇年経ったいま、再び彼らは、集団的自衛権行使容認で立憲主義が死に、憲法第九条が死ぬと叫んでいる。

だが、二〇年前の彼らの主張が正しいとするならば、すでに立憲主義も憲法第九条も死んでいることになるではないか。

彼らは生きていない死骸を生きていると言って守ろうというのだろうか？

それとも、彼らの主張が誤りだったと認めるのだろうか？

もしや、彼らの主張では憲法は生きたり死んだりを繰り返すものなのだろうか？

いずれにせよ、彼らの議論は極端であった。

本書は、現在の読者だけを読者として想定していない。二〇年後の日本国民にも読んでいただきたいと願っている。おそらく、そのとき、常識だと思われている「集団的自衛権の行使容認」を二〇年前、あまりに極端な主張で反対していた人々が存在したという事実を伝えたい。そして、二〇年後に、再び彼らが極端な主張を展開した際には、「二〇年前から成長していませんね」と声をかけていただきたい。

もちろん、将来、安倍総理の決断が重大な過ちであったと非難されている可能性も皆無ではない。だが、私は、二〇一五年の安倍内閣の決断は、二〇年後、五〇年後の日本国民に高く評価されるべき「英断」であったと考えている。

二〇一五年一〇月一〇日

岩田 温

岩田温（いわた・あつし）
1983年生まれ。政治学者。早稲田大学政治経済学部卒業、同大学大学院修了。拓殖大学客員研究員。専攻は政治哲学。著書に『政治とはなにか』（総和社）、『逆説の政治哲学　正義が人を殺すとき』（ベストセラーズ）、『人種差別から読み解く大東亜戦争』（彩図社）などがある。

平和《へいわ》の敵《てき》
—偽《いつわ》りの立憲主義《りっけんしゅぎ》—

2015年11月５日　１刷
2015年11月25日　２刷

著　者　岩田　温
発行者　奈須田若仁
発行所　並木書房
〒104-0061東京都中央区銀座1-4-6
電話(03)3561-7062　fax(03)3561-7097
www.namiki-shobo.co.jp
印刷製本　モリモト印刷

ISBN978-4-89063-334-0